Zu diesem Buch

Irgendwann im Leben müssen es fast alle Raucher tun: sich das Rauchen abgewöhnen. Und alle haben Angst, es nicht durchzuhalten, Angst, die Qualen der Entwöhnung nicht ertragen zu können, Angst vor der Leere, die der Glimmstängel hinterlässt. Dabei gibt es wenige Dinge, die so einfach sind, wie die Nikotinsucht zu besiegen! Alexander von Schönburg, selbst jahrelang Kettenraucher, hat es geschafft. Er hat es sogar genossen, denn jeder Tag ohne Zigarette ist ein triumphaler Sieg über sich selbst. Das Gehirn wird wieder mit Sauerstoff versorgt, neue Energien werden frei, man ist in ständiger Hochstimmung. Schritt für Schritt führt Schönburg den Leser über den teils lustvollen, teils steinigen Pfad vom Raucher zum fröhlichen Nichtraucher – ohne Vorwürfe, ohne Drohungen, ohne Qualen. Aber mit Erfolg!

Zum Autor

Alexander Graf von Schönburg, Jahrgang 1969, war lange freier Journalist (u. a. für «Esquire», «Die Zeit» und die «Vogue»). Außerdem war er Teil des popliterarischen Quartetts, das 1999 «Tristesse Royale» herausgab, und Redakteur der Berliner Seiten der «FAZ». Zurzeit arbeitet er als freier Autor in Berlin.

Alexander von Schönburg

Der fröhliche Nichtraucher

Wie man gut gelaunt
mit dem Rauchen aufhört

Rowohlt Taschenbuch Verlag

Originalausgabe
Veröffentlicht im Rowohlt Taschenbuch Verlag
GmbH, Reinbek bei Hamburg, November 2003
Copyright © 2003 by Rowohlt Taschenbuch Verlag
GmbH, Reinbek bei Hamburg
Umschlaggestaltung any.way, Barbara Hanke
(Foto: Premium)
Satz Galliard PostScript PageMaker bei
Pinkuin Satz und Datentechnik, Berlin
Druck und Bindung Druckerei C. H. Beck, Nördlingen
Printed in Germany
ISBN 3 499 61660 2

Die Schreibweise entspricht den Regeln
der neuen Rechtschreibung.

Inhalt

Teil I

Einleitung	9
Das liebe Rauchen	14
Das Nicht-mehr-Rauchen	23
Was man gewinnt	37
Ein Wort zur Freiheit	46
Mythen und Gewissheiten	53
Vom richtigen Zeitpunkt	59

Teil II

Sieben Schritte zu einem freien Leben	65

Teil III

Vorsicht, Fallen	95
Für Rückfällige	97
Für «hoffnungslose Fälle»	100
Ersatzdrogen und andere Hilfsmittel	102
Die Sache mit der Gewichtszunahme	104
Checkliste: Warum habe ich aufgehört?	108
Notfall-Ratgeber	111
Ein Wort zum Schluss	115
Lesetipps	120

Teil I

Einleitung

Am 7. August 1633 brach in Konstantinopel eine schreckliche Feuersbrunst aus. Dafür verantwortlich gemacht wurden: die Raucher. Der osmanische Herrscher, Sultan Murad IV., war so erzürnt, dass er jeden hinrichten ließ, der beim Rauchen erwischt wurde. 25 000 Unverbesserliche mussten ihr Leben lassen. Weitergeraucht wurde trotzdem.

Das übliche Herangehen an das «Rauchen-Aufhören», das ständige Drohen mit Tod und Krankheit, das Verurteilen von Rauchern als Menschen minderen Wertes, funktionierte also schon damals nicht.

Meine älteste Schwester, sie heißt wie die Biene «Maja», besuchte in London die Kurse jenes Mannes, der zum Zillionär geworden ist, weil er angeblich den Leuten das Rauchen abgewöhnt. Die Therapiesitzungen sind zwar extrem teuer, aber man bekommt sein Geld zurück, wenn man nach anfänglichem Erfolg rückfällig wird. Meine Schwester zählt in der Statistik jenes Instituts zu den Millionen Bekehrten. Tatsächlich raucht sie wie eh und je. Ihre Haupttätigkeit ist weiterhin: Rauchen. Als sie wieder einmal rückfällig geworden war und bei dem Institut vorstellig wurde, um ihr Geld zurückzuverlangen, gab ihr der Therapeut das Gefühl, ein dermaßen willenloses Häufchen Elend zu sein, dass sie schlicht aus Scham darauf verzichtete, je wieder dort aufzukreuzen.

Die Wahrheit ist, dass wenige Dinge so einfach sind, wie für immer mit dem Rauchen aufzuhören. Nur ist man als Raucher so vielen Beleidigungen der Anti-Raucher-Lobby ausgesetzt, die Propaganda gegen das Rauchen ist dermaßen penetrant, dass man gewissermaßen aus gesunder Opposition heraus weiterraucht, so lange es überhaupt noch erlaubt ist. Was einen außerdem vom Entschluss abhält, den Zigaretten für immer abzuschwören, ist die Überzeugung, dass dies erstens unendlich schwer und zweitens das Leben anschließend weniger lebenswerter sei als zuvor.

Beides sind völlig absurde Propagandalügen. Es ist zum Beispiel viel schwieriger, ohne spezifische Ausbildung eine kaputte Waschmaschine zu reparieren. Auch das Erlernen einer Fremdsprache ist (für einen Erwachsenen) überaus mühsam. Das Rauchen zu lassen ist dagegen geradezu lächerlich einfach, solange es mit der richtigen Anleitung, auf Neudeutsch: *guidance*, geschieht.

Wenn Sie die folgenden Seiten gelesen haben – am besten den ersten Teil in einem durch und den zweiten Teil erst nach einer kleinen Pause mit ein paar Vorbereitungen –, versichere ich Ihnen, dass Ihnen der Weg in eine ungleich freiere, angenehmere und vitalere Existenz Spaß machen wird. Das Einzige, was Ihnen dieses Buch nicht abnehmen kann, ist der Absprung. Aber es kann Ihnen helfen, diesen Schritt als genussvolle Erfahrung zu begreifen. Am Ende des Buches werden Sie nicht nur fröhlicher Kettennichtraucher, sondern vermutlich auch der glücklichere Mensch sein.

Allein die Tatsache, dass Sie dieses Buch in der Hand halten, beweist, dass Sie ernsthaft entschlossen sind, aufzuhören, statt es wieder und wieder nur zu «versuchen». Dies ist keines jener «Wie esse ich weiter wie bisher und nehme trotzdem ab»-Bücher, es wird von Ihnen nichts Geringeres verlangt, als sich zu ändern. Keine Banalität. Allerdings darf ich dem Leser versprechen, dass es Spaß macht, diesen Weg zu beschreiten.

Dies ist auch kein missionarisches Buch. Die meisten Raucher halten sich – oft nicht ganz zu Unrecht – für die interessanteren, wenn nicht sogar intelligenteren Menschen und werden nur ungern belehrt. Aber zentral für den Sieg über eine Sucht ist Demut. Bevor man überhaupt beginnt, sich zu ändern, sollte man sich darüber im Klaren sein, dass man ohne Hilfe aufgeschmissen ist. Demut fällt uns allen ziemlich schwer – es ist kein Zufall, dass Deutschland das Land war, das das Knien in der Kirche abschaffte – aber sie ist für jede innere Fortentwicklung leider unerlässlich.

Im Leben eines jeden Rauchers kommt einmal der Moment, in dem er die rationale Entscheidung trifft, die Lebensphase als Raucher hinter sich zu lassen. Dieses Buch wird Sie ermutigen, diese Entscheidung nicht vor sich herzuschieben, sondern den Schritt als Befreiung zu erleben. Sie werden im Laufe dieser Lektüre Techniken lernen, die für den Sieg über das Rauchen hilfreich sind – aber die meisten entwickeln ihre eigenen Tricks.

Letztlich steht und fällt alles mit Ihrer – Achtung, jetzt kommt ein großes Wort! – Veränderungsbereitschaft. Diese Veränderungsbereitschaft ist es, die den Menschen überhaupt erst fähig macht, sich zu entfalten.

Einleitung

Ohne Veränderungsbereitschaft gibt es kein Wachstum, weder geistig noch sittlich, noch sonst wie. Doch die Bereitschaft, sich zu ändern, soll keinesfalls im Widerspruch zur Kontinuität stehen. Die Kontinuität ist die Grundlage jeglichen Wachstums. Nur wenn Gelerntes auf vorher Erfahrenes aufbauen kann, nur wenn nicht bei jeder Veränderung alles Vorherige verworfen wird, ist Wachstum möglich. Die meisten Anti-Rauch-Therapien zwingen Sie, mit Ihrer alten Identität als Raucher zu brechen, Ihr altes «Ich» zu verunglimpfen. Bei der Lektüre dieser Seiten werden Sie erfahren, dass die Veränderungsbereitschaft, die uns Menschen zu dem macht, was wir sein können, nicht die Aufgabe unserer Eigenart, unseres Wesens bedeutet, sondern im Gegenteil: dessen größere und bessere Entfaltung.

Mein gesamtes bisheriges Leben als denkender Mensch habe ich rauchend verbracht. Ich glaube, ich habe wenige Dinge so gerne getan – vor getaner Arbeit, nach getaner Arbeit, vor dem Essen, nach dem Essen, beim Lesen, beim Schreiben, beim Fernsehen, beim Spazierengehen. Bis ich aufhörte zu rauchen, war ich fest davon überzeugt, dass die Zigarette zu mir gehört, Teil meiner Identität ist. Aber diese Ära liegt nun hinter mir, und ich kann Ihnen sagen: Die Erfahrung, das Rauchen aufzugeben, gehörte zu den lustvollsten und großartigsten meines Lebens (das bisher auch nicht gerade freudlos war – ich habe zwei Kinder). Die mit dem Kettennichtrauchen begonnene Lebensphase ist ungleich schöner, angenehmer, weniger vernebelt und weniger verhustet als die verrauchte. Ich fühle mich besser, agiler, vitaler, kreativer, ausgeglichener, gesünder als je zu-

12   Einleitung

vor. *I feel like a million dollars*, sagt man in Amerika. Und ich weiß, dass Sie am Ende der Lektüre dieses Buch küssen werden vor Glück, weil es Ihnen ebenso gehen wird! Ich habe das Rauchen geliebt, aber das Nichtrauchen liebe ich inzwischen sehr viel mehr.

Wer dieses Buch gekauft hat, muss nicht mehr zum Nichtrauchen überredet werden, er hat diesen Entschluss schon gefasst. Er will wissen, wie er es angehen soll und bekommt es hier vermittelt. Wenn der geneigte Leser meinen Schritten folgt, wird er das Rauchen nicht nur nicht vermissen, sondern eine ganz neue Dimension von Lebensqualität erreichen. Das Mit-dem-Rauchen-Aufhören ist kein qualvoller, entbehrungsreicher und mühsamer Prozess, sondern kann, richtig instruiert, zu einer der lustvollsten und angenehmsten Erfahrungen Ihres Lebens werden. Selbst die Tage der Umgewöhnung, die auch in den bestgemeinten Entwöhnungsratgebern als «Höllenqual» und ähnlich beschrieben werden, werden Sie, wenn Sie meinen Weg gehen, geradezu genießen.

Erstaunlicherweise kann die Übergangszeit sogar das Schönste am Aufhören sein. Sie werden dankbar sein, dass Sie geraucht haben, weil das Besiegen einer Sucht eine derart phänomenale Erfahrung sein kann, dass jeder, der schon immer Nichtraucher war, uns Ex-Raucher darum beneiden muss. Somit: Viel Spaß!

Einleitung

Das liebe Rauchen

Aber freuen Sie sich nicht zu früh. Letztlich ist es zu leicht, mit dem Rauchen aufzuhören, als dass es ein nennenswerter Kampf sein könnte. Natürlich ist jeder Sieg befriedigend, auch wenn der Feind nicht ebenbürtig ist. Der US-Schauspieler Kirk Douglas erzählt immer wieder gern die Geschichte seiner Raucherkarriere: Sein Vater, ein russischer Bauer, der um 1910 herum nach Amerika ausgewandert war, hatte wie selbstverständlich sein ganzes Leben lang geraucht. Eines Tages sagte der Arzt zu ihm: «Wenn Sie nicht sofort aufhören, werden Sie bald elend sterben.» Da hörte sein Vater von einem Moment zum anderen, ohne mit der Wimper zu zucken, mit dem Rauchen auf. Aber für den Rest seines Lebens trug er stets eine einzelne Zigarette in seiner Hemdtasche. Immer wenn er ernsthaft in Gefahr war, rückfällig zu werden, nahm er sie in die Hand, sah sie sich an und murmelte: «Ich bin stärker.»

Er selbst, so Kirk Douglas, sei als Student, als Marinesoldat und auch noch als Broadway-Schauspieler Nichtraucher gewesen. Erst als er nach Hollywood kam, hatte er mit dem Rauchen begonnen. Bei Dreharbeiten zu seinem ersten Film «The Strange Loves of Martha Ivers» 1946 schrie der Regisseur ihn an: «Cut! Kirk, du solltest eine Zigarette rauchen!» Daraufhin er kleinlaut:

«Ich rauche nicht.» Der Regisseur entgegnete: «Ich bring's dir bei. Ist ganz leicht.» Für Schauspieler waren Zigaretten zu einer wichtigen Requisite geworden, denn so hatten sie endlich etwas, womit sie ihre Hände beschäftigten konnten. Man konnte nachdenklich an der Zigarette ziehen, sie wütend ausdrücken oder ungeduldig wegschmeißen.

«Hollywood hat mich zum Raucher gemacht», sagt Kirk Douglas heute – ein Schicksal, das er vermutlich mit Millionen Kinobesuchern teilt.

Eines Tages aber saß er bei Dreharbeiten in seiner verrauchten Kabine und betrachtete sein Gesicht durch die schweren Rauchschwaden im Spiegel. Er dachte an seinen Vater, der zu spät aufgegeben hatte und schließlich doch an Krebs gestorben war, dachte an all die Zigaretten, die er sein ganzes Leben geraucht hatte, und beschloss: Das war's. Er warf alle seine Zigaretten weg, nur eine einzige hob er sich auf. Eine Weile noch nahm er sie in schwachen Momenten in die Hand, sah sie an und fragte sich: «Wer ist stärker – du oder ich?»

Die Antwort fiel ihm nicht schwer. Denn die gute Nachricht ist: Je tiefer man in der Zigaretten-Sucht steckt, desto leichter ist es aufzuhören. Viel-Raucher hören leichter auf als so genannte Gelegenheitsraucher. Für schwere Raucher, die sich über die unangenehmen gesundheitlichen und ästhetischen Begleiterscheinungen ihrer Sucht keine Illusionen mehr machen, ist die neu gewonnene Freiheit viel größer, die Veränderung der Lebensqualität greifbarer.

Zu den großen Mythen unserer Zeit gehört die Mär, dass die Entwöhnung vom Rauchen eine Tortur

Das liebe Rauchen

sei. Vier Gruppen haben ein Interesse daran, diesen Mythos aufrechtzuerhalten. Zunächst die Zigarettenindustrie: Sie will verhindern, dass sich herumspricht, dass es kinderleicht ist, mit dem Rauchen aufzuhören. Mit jeder spürbaren Steuer- und Preiserhöhung brechen den Zigaretten-Multis große Teile ihrer Kundschaft weg. Die westliche, industrialisierte Welt ist als lukrativer Markt längst ad acta gelegt worden, man konzentriert sich seither auf den Wachstumsmarkt Dritte Welt. 2002 wurden nach Angaben des Verbandes der Zigarettenindustrie in Deutschland 145 Milliarden Zigaretten verkauft, doch es stehen wieder massive Preiserhöhungen an. Als der Preis für eine Schachtel Zigaretten das letzte Mal signifikant erhöht wurde, brach der Zigarettenabsatz massiv ein. Zudem macht der Zigarettenindustrie der von der Weltgesundheitsorganisation (WHO) durchgesetzte Tabak-Kontroll-Vertrag zu schaffen, der unter anderem ihre Werbemöglichkeiten weiter behindert. In manchen Ländern (in Großbritannien und Norwegen etwa) kostet eine Schachtel Zigaretten bereits zwischen sieben und neun Euro. Nur in den osteuropäischen Ländern sind Zigaretten noch verhältnismäßig billig. Doch da auch diese Staaten ihre Tabaksteuer – dank der EU-Erweiterung und der Bemühungen der WHO, Schmuggel einzudämmen – demnächst dem westeuropäischen Niveau angleichen müssen, herrscht in den Chefetagen der Zigarettenindustrie eine ähnliche Stimmung wie einst auf der Brücke der «Andrea Doria».

Das Hauptargument der Tabakindustrie gegen weitere Steuererhöhungen ist der drohende Abbau von Arbeitsplätzen. Allein im Tabakgroßhandel, so die Zigarettenindustrie, arbeiten 14 000 Menschen. Was, fragt man sich da, ist eigentlich aus all den Henkern und Folterknechten geworden, als damals die Todesstrafe abgeschafft wurde? Waren die Abschaffung der Todesstrafe und die Anti-Folter-Konvention eigentlich unter arbeitsmarkttechnischen und sozialen Gesichtspunkten durchdacht?

Neben der Zigarettenindustrie gibt es noch eine weitere Gruppe, die Interesse am Märchen von der fast unmöglichen Rauch-Entwöhnung hat. Es ist ebenfalls eine Industrie mit veritablen Umsätzen, und im Gegensatz zur Zigarettenindustrie im Wachstum begriffen: die Anti-Zigaretten-Industrie. Dazu gehören neben den Herstellern von Ersatz-Suchtstoffen wie Nikotin-Kaugummis und Nikotin-Pflastern auch die Therapien und Therapeuten, die wie Pilze aus dem Boden schießen, und natürlich – darf ich das hier sagen? – die Verfasser von «Wie gewöhne ich mir das Rauchen ab»-Büchern. Manche Buchautoren unterhalten zusätzlich Internet-Sites und bieten Gruppen- und Einzeltherapien im großen Stil an. Auch hier hegt man ein verständliches Interesse, das Gerücht zu nähren, dass es so schwierig sei mit dem Rauchen aufzuhören, dass Sie auf langfristige Hilfe angewiesen sind.

Die dritte Gruppe, die diesen Mythos aufrecht erhält, ist die der ehemaligen Raucher. Entweder tun sie es, um als tapfere Helden dazustehen, oder es ist ihnen tatsächlich furchtbar schwer gefallen und sie trauern ihren Zigaretten bis heute nach, weil sie mit reiner Willenskraft statt aus Überzeugung und mit Entschlossenheit das

Das liebe Rauchen

Rauchen hinter sich gelassen haben. Ein große und bemitleidenswerte Gruppe, die ihren Schritt nicht als Befreiung und Steigerung ihrer Lebensqualität begreift, sondern sich als Opfer sieht.

Dann gibt es noch die vierte und bei weitem einflussreichste Gruppe, die das Zerrbild vom schrecklichen Entzug aufrecht erhält: Jene Millionen, die etliche Male versucht haben, mit dem Rauchen aufzuhören, aber immer wieder rückfällig geworden sind. Sie sind die Einzigen, die mit Recht behaupten dürfen, mit dem Rauchen aufzuhören sei eine Qual. Denn das, was sie betreiben, ist tatsächlich eine Tortur. Es ist nun einmal so: Entweder man gibt das Rauchen auf, oder man *versucht*, mit dem Rauchen aufzuhören. Wer es nur *versucht*, der tappt in die Twain'sche Falle. (Von Mark Twain stammt der oft zitierte Satz: «Es gibt nichts Leichteres, als mit dem Rauchen aufzuhören. Ich selbst habe es schon einhundertsiebenunddreißigmal geschafft.») Sinn ergibt nur, tatsächlich aufzuhören. Wer es nur versucht, wartet auf seine Entzugserscheinungen, er sehnt sie geradezu herbei. Er horcht in sich hinein, wartet auf das Elend, und eigentlich geht es ihm nur darum, auszutesten, wie lange er aushalten kann, bis er schließlich doch wieder zur Zigarette greift.

Wer aufhört, versucht es nicht, sondern tut es. Ein leuchtendes Vorbild ist mir in dieser Hinsicht jemand, unter dem ich einmal als Journalist gearbeitet habe. Sein Name ist Walter Mayer (früher einmal Chefredakteur der 80er-Kultzeitschrift «Tempo»). Journalisten gehören ja zu den hartnäckigsten Rauchern. Wahrscheinlich werden sie die allerletzten Mohikaner sein, die noch Zigaretten kaufen, wenn sie schon 20 Euro pro Schachtel kosten. Jedenfalls wurde in den Redaktionsräumen der Zeitung, in der ich mit Walter Meyer arbeitete, kampfgeraucht. Der Chef ging als tapferster voran und rauchte schwarze französische Zigaretten mit so hohen Nikotinwerten, dass sie inzwischen wahrscheinlich gegen das Betäubungsmittelgesetz verstoßen. Sein Stellvertreter Walter rauchte immerhin rote Marlboro. Aber von einem Tag auf den anderen beschloss er, aufzuhören. Er aß seitdem mittags statt fettiger Würste frisches Obst, statt bitteren, lauwarmen Redaktionskaffees trank er angenehm kühles Wasser oder frisch ausgepresste Obstsäfte. Zigaretten rührte er nie mehr an. Er tat es einfach, ohne Tamtam. Nie hörte ich ihn jammern, nie auch nur das Thema «Zigaretten» erwähnen. Er war nicht mehr lange der zweite Mann. Er sah besser und gesünder aus, wirkte vitaler und selbstbewusster. Zwei Monate später hatte er das Revolverblatt verlassen, für das wir arbeiteten. Er stieg in die Chefredaktion einer der größten Zeitungen Europas auf.

Einmal habe ich ihn gefragt, warum er denn nicht wenigstens ein bisschen gejammert hat. Er antwortete: «Jammern macht es doch nur schlimmer, als es ist.» Entweder rauchen oder nicht rauchen, fand er. Aber ja kein großes Aufhebens darum machen. Andere durften in seinem Büro und in seiner Gegenwart unbelästigt rauchen, als sei dies das Selbstverständlichste auf der Welt. Am schlimmsten fand Walter fanatische Konvertiten à la Lea Rosh oder den Chefredakteur einer linken Zeitschrift, beides früher wandelnde Schlote, die nun auf Raucher schimpfen und entschlossen sind, die Welt zu

Das liebe Rauchen

bekehren. Das sind genau die, die inzwischen aus ideologischen Gründen im Nichtraucher-Teil eines Restaurants sitzen. Wenn sie am anderen Ende des Restaurants eine Zigarette (oder – o Gott – vielleicht sogar eine Zigarre!) auch nur sehen, stehen sie auf und begeben sich zum Geschäftsführer. Nicht der Rauch stört solche Fanatiker, allein der Anblick von etwas Rauchbarem macht sie wütend.

Obwohl mich Walter damals ziemlich beeindruckte, rauchte ich weiter. Walter ist ein Sonderfall, dachte ich, so lässig wie er ist eben nicht jeder. Ich wusste zwar immer, dass ich «irgendwann» aufhören wollte (sollte), aber ich schob es vor mir her wie jemand, der auf der Plattform eines 10-Meter-Sprungbretts steht und den Sprung so lange wie möglich hinauszögert. Als ich dann endlich sprang, stellte ich zu meiner Überraschung fest, dass es sich nur um ein 3-Meter-Brett handelte.

Es «geschah» bei einem Strandurlaub in Kenia. Meine andere Schwester (Gloria, früher eine John-Player-Special-Raucherin, heute schlank, braun gebrannt, fit wie ein Turnschuh und derart voller Energie, dass sie im Interesse ihrer Umwelt eigentlich auf Sedativa gesetzt werde müsste) klopfte zart bei mir an, was ich davon hielte, jetzt während dieses Kurzurlaubs das Rauchen aufzugeben. «Klar», sagte ich, «nur bitte nicht hier und heute.» Die Sonne, der Strand, ein kühler Drink in der Linken, eine Zigarette in der Rechten, eine vergilbte Zeitung von vor einer Woche auf dem Schoß, vor mir der Horizont und das Meer. Dazu gehört doch einfach eine Zigarette!

«Gut», sagte sie, «dann rauch noch heute. Und morgen gibst du's auf.» Genauso tat ich's. Ich werde später, wenn ich ein paar Tricks und Techniken verrate, noch genauer auf diese(n) entscheidende(n) Tag(e) eingehen. An dieser Stelle nur so viel: Ich stellte zu meiner allergrößten Überraschung fest, dass Aufhören überhaupt nicht unangenehm war, sondern überaus befriedigend. Es hat tatsächlich Ähnlichkeit mit dem Sprung von einem Sprungbrett. Entscheidend war, dass ich sprang und nicht mehr zurückblickte. Ich wartete auf Gereiztheiten, Entzugserscheinungen, Hungerattacken. Aber sie blieben aus, weil mein Entschluss unumstößlich war. Qualen erleiden nur die, die *versuchen*, aufzuhören, nicht die, die es tun!

Am dritten Tag nach der letzten Zigarette – es ging mir immer noch blendend – beschloss ich, mich der Versuchung auszusetzen. Einen fünfzehnminütigen Spaziergang von unserem Haus entfernt wohnte Uli aus Hannover, der Surflehrer meiner Schwester, mit seiner Frau Rita. Einige meiner letzten Zigaretten hatte ich auf ihrer Terrasse geraucht, mit Blick auf den Indischen Ozean. Auch diesmal lud alles zum Rauchen ein: Der köstlich aufgebrühte Kaffee. Die entspannte Unterhaltung. Der Kuchen, den Rita servierte. Zwei offene Zigarettenschachteln lachten mich an, leere Aschenbecher standen da, die darum bettelten, benutzt zu werden. Uli und Rita zündeten sich ihre Zigaretten an, und ich wartete auf die Versuchung, ich wollte sie sogar ein wenig auskosten, um zu sehen, wie «stark» ich wäre. Aber – fast zu meiner Enttäuschung: Nichts. Rien. Nada. Ich hatte aufgehört und das Kapitel Rauchen fröhlich hinter mir gelassen. Ich genoss den Kaffee, die Aussicht, das

Das liebe Rauchen

Geplauder mit Uli und Rita, und ich genoss meine Selbstbeherrschung, die gar keine war, denn der Kaffee schmeckte besser ohne Zigarette, das Gefühl der Zufriedenheit war spürbarer und besser auszukosten, als es je gewesen war, wenn ich solche Momente mit der Zigarette erstickte.

Auf dem fünfzehnminütigen Rückweg wunderte ich mich. War dies doch die ideale Gelegenheit gewesen, die aller-aller-allerletzte Zigarette zu rauchen. Doch das Verlangen war weg, schon nach drei Tagen, und die Entzugssymptome, die ich alle schon erlebt hatte (von Gereiztheit bis Unkonzentriertheit), als ich die etlichen Male zuvor *versucht* hatte, das Rauchen aufzugeben, blieben aus. Ich hatte es eben immer nur *versucht*, ich hatte es nie getan.

Die Befriedigung, die ich fühlte, es endlich geschafft zu haben, war um ein Vielfaches größer als die banale Befriedigung, die mir durch das Einatmen verbrannten Tabaks je zuteil geworden war. Diese kleinen Triumphe stellen sich immer wieder ein, nach jeder Situation, die ich früher für eine Versuchung gehalten hätte. Der wahre Sieg ist aber, dass das Leben als Nichtraucher um ein Vielfaches genussvoller und angenehmer ist als das Leben als Raucher. Wenn ich jetzt, da ich entwöhnt und befreit bin, an den Geschmack von Zigaretten denke, wird mir allein von dem Gedanken ein wenig übel und schwindlig.

Das Nicht-mehr-Rauchen

Mediziner haben nachgewiesen, dass spätestens nach
drei Wochen ohne Zigarette das stete Verlangen, das
ständige Denken daran vorbeigeht. Zwei – oder drei –
Wochen der Überwindung, die, wenn man sie «überstanden» hat, das Tor öffnen zu einem befreiten, ge-
nussvolleren Leben. Zwar gibt es viele, denen diese
Drei-Wochen-Regel einen Horizont gezeigt und ihnen
so geholfen hat, sich durch schiere Disziplin und Willenskraft in ein besseres Leben zu hangeln, andererseits
ist es gerade diese Regel, die viele Raucher unnötiger-
weise dazu bringt, den Tag der Befreiung vor sich herzuschieben. Wer hat schon Zeit und Lust, sich drei Wochen zu quälen? Die meisten von uns haben Besseres zu
tun, als sich drei Wochen nur mit sich selbst zu beschäftigen. Wir haben keine Zeit für solche Späße. Dabei ist
die Wahrheit sehr viel komplizierter und zugleich er-
freulicher.

Betrachten wir unsere beiden Gegenspieler, die Gewohnheit und die Sucht, getrennt voneinander. Unsere
Gewohnheiten sind wie Korsetts oder Stützen, die unseren Tag zusammenhalten. Wer sich einen Sport daraus
macht, seine Gewohnheiten gelegentlich auf den Prüfstand zu stellen und sie ein wenig herauszufordern,
bleibt agil. Das sollte natürlich diskret geschehen, man

Das Nicht-mehr-Rauchen

muss ja daraus nicht gleich eine Art regelmäßigen «Relaunch» seiner selbst machen. Mal eine Woche seine Ernährung umstellen, mal konsequent die Treppe gehen statt mit dem Aufzug zu fahren, mal eine Zeit lang abends Bücher lesen oder Gespräche führen, statt vor dem Fernseher zu sitzen. Sehr schnell stellt man fest, dass alte Gewohnheiten relativ einfach zu besiegen sind – denn man nimmt neue Gewohnheiten an und lässt die alten fallen. Auf keinen Fall sind Gewohnheiten ernst zu nehmende Gegner, und schon gar nicht die Rauchgewohnheit. Wir sind doch keine Pawlow'schen Hunde, die nur einen Telefonhörer in der Hand haben und schon den Drang nach einer Zigarette spüren, die nur, weil sie ein heißes (oder kaltes) Getränk genießen, auch noch Nikotin inhalieren müssen! Diese Rauchautomatismen, die Zigarette «nach dem Essen», «beim Telefonieren», «beim Schreiben» und so weiter sind am einfachsten abzustellen. Man tut es einfach, und damit ist's erledigt. In meiner Zeit als Raucher gehörte zum Beispiel zum selbstverständlichen Ritual eines genüsslichen Vollbads: die Zeitung, Musik aus dem Radio, am Rand der Badewanne ein Tee – und: eine Zigarette. So eine Badezeremonie konnte sich über eine Stunde hinziehen. Erst als ich umzog und bei Freunden als Untermieter landete, bei denen Rauchen zwar erlaubt war, aber eben nicht im gemeinsamen Bad, war ich gezwungen, mit dieser Gewohnheit zu brechen. Was mir bis dahin als ein Ding der Unmöglichkeit erschien, musste einfach sein. Und war plötzlich überhaupt kein Problem mehr. Jahrzehntelang hatte ich mir eingebildet, ich könnte nicht konzentriert am Computer sitzen und schreiben, ohne zu rauchen. Als ich heiratete und wir ein Kind bekamen, bat mich meine Frau, nicht mehr in der Wohnung zu rauchen. Also wurde ich zu einem der Millionen Balkonraucher (wenn ich rausging, sah ich auch auf den gegenüberliegenden Balkons Rauchende, wir grüßten uns immer freundlich). Was mir bis dahin völlig unmöglich erschien – an meinem Schreibtisch nicht zu rauchen –, tat ich plötzlich mit der größten Selbstverständlichkeit, weil es eben anders nicht ging. Ich bildete mir sogar ein, dass dies die bessere Art zu rauchen sei. Immerhin nahm ich mir jetzt für jede Zigarette bewusst Zeit, statt automatisch eine nach der anderen wegzuqualmen, ohne meinen Konsum überhaupt wahrzunehmen.

Nur an meinem Schreibtisch im Büro betrieb ich weiter das automatisierte Rauchen. Ich hatte die in der Branche weit verbreitete Anekdote jenes Kollegen der «Süddeutschen» im Kopf, eines Kulturkritikers, der von einem Tag zum anderen das Rauchen aufgegeben hatte und angeblich tagelang vor dem Computer saß, ohne auch nur einen brauchbaren Satz formulieren zu können. Dieses drohende Beispiel hielt mich davon ab, Ähnliches zu versuchen. Also rauchte ich von dem Moment an, an dem ich mich an den Schreibtisch setzte, bis zu dem Moment, in dem ich den Computer herunterfuhr, das Licht ausschaltete und mich auf den Weg nach Hause machte. Jeden Abend kam ich mit leichtem Kopfweh, verspannten Gelenken und einer regelrechten Sehnsucht nach Sauerstoff nach Hause. Meine Frau und unser Baby begrüßte ich erst, nachdem ich Mundspray benutzt und mir gründlich Hände und Gesicht gewaschen hatte. Wenn ich heute daran zurückdenke, verste-

Das Nicht-mehr-Rauchen

he ich nicht, wie ich, der auf ein gepflegtes Äußeres durchaus Wert legt, sich jahrelang so etwas antun konnte. Einmal riss ich aus einer Zeitung die Anzeige für eine kleine Sauerstoffflasche heraus, wie sie bei Tokiotern beliebt ist. Neulich stieß ich beim Aufräumen zufällig darauf. Ich konnte sie getrost wegwerfen, denn Sauerstoff bekomme ich jetzt wieder genug.

Mit jedem Tag, an dem ich mich als Zeitungsredakteur am Kampfrauchen in den Redaktionsbüros beteiligte, fühlte ich mich ausgelaugter. Wahrscheinlich waren diese letzten Monate des besonders intensiven Rauchens sogar heilsam, weil ich mir selbst von Tag zu Tag weniger einreden konnte, dass ich das Rauchen in irgendeiner Weise genoss. Als ich dann endlich den Absprung schaffte, waren die Verbesserung meines Allgemeinbefindens und die Wiederkehr meiner Vitalität bereits wenige Tage nach der letzten Zigarette so greifbar, dass ich den Sieg über die Sucht als Triumph empfand, den ich nicht mehr aus der Hand zu geben bereit war.

Merke: Je intensiver man geraucht hat, desto spürbarer ist die Steigerung des Allgemeinbefindens und das Gefühl der Befreiung, wenn man es geschafft hat.

Bereits innerhalb eines Tages spürt man, dass die Sauerstoffversorgung des ganzen Körpers – und des Gehirns! – deutlich steigt, innerhalb von zwei Wochen verbessert sich nachgewiesenermaßen die Lungenfunktion – und somit unsere ganze Vitalität – signifikant, die Kurzatmigkeit etwa beim Treppensteigen bleibt plötzlich aus, das Immunsystem ist wieder stark und ein Kratzen im Hals wird nicht mehr so schnell zur Erkältung, man fühlt sich stärker und unverletzlicher. Man fühlt sich besser, man sieht besser aus, man erlebt ein regelrechtes Sauerstoff-High, das sich aufs Angenehmste mit der Euphorie verbindet, sich von einer lästigen Angewohnheit befreit zu haben.

Die Macht der Gewohnheit und die Angst, dass ein Leben ohne Zigarette nicht so angenehm sein würde, zwang mich, jahrelang am Schreibtisch sitzend, denkend, schreibend, telefonierend, lesend … eine nach der anderen anzuzünden. Dann verließ ich die Raucherhöhle, arbeitete nur noch am Schreibtisch zu Hause, an dem Rauchverbot herrschte. Aber plötzlich war es überhaupt kein Problem mehr, all diese Schreibtischaktivitäten ohne Zigarette zu erledigen. Weil es einfach nicht anders ging! In unserer kleinen Wohnung hätte meine Frau jede einzelne Zigarette gerochen, und da es sie stört, ließ ich es. Der Zwang, am Schreibtisch rauchen zu müssen, war reine Einbildung! Eine Gewohnheit, die einfach zu durchbrechen ist, indem man sie einfach lässt und nicht weiter darüber nachdenkt. Wenn Sie sich heute einfach nicht vorstellen können, nach dem Essen, in geselliger Runde, in Stresssituationen oder in Momenten, in denen Sie sich konzentrieren müssen, *nicht* zu rauchen, dürfen Sie sicher sein: Das ist reine Einbildung! Tatsache ist, dass Sie gesellige Runden ohne Zigarette sehr viel mehr genießen, Stress sehr viel besser bewältigen und Freude sehr viel bewusster erleben und sich sehr, sehr viel besser konzentrieren können werden, wenn Sie frei atmen. Die «Macht der Gewohnheit» ist

Das Nicht-mehr-Rauchen

ein harmloser Gegner, den man aber herausfordern und besiegen muss, um für den Kampf mit dem nächsten, sehr viel findigeren Opponenten gerüstet zu sein:

Die Sucht. Die Nikotin-Sucht ist zwar keine sehr starke Sucht, aber doch hartnäckig. Nikotin ist der suchtauslösende Wirkstoff im Tabak, die chemische Formel lautet: $C_{10}H_{14}N_2$. Die Wirkung dieses Stoffes auf unser Nervensystem tritt in der gleichen Sekunde ein, in der man den Tabak einatmet, und bleibt bis etwa zwanzig Minuten nach der letztmaligen Zufuhr aktiv. Die Wirkung des Nikotins ist nicht berauschend, es dämpft und benebelt mehr, als dass es stimuliert. Was den Raucher zur nächsten Zigarette greifen lässt, ist nicht die Freude auf die Wirkung des Nikotins, sondern der Anspruch des Nikotins, auf einem gewissen Pegel gehalten zu werden. Nach der Zigarette fühlt man sich also exakt so wie vor der Zigarette, nur das Verlangen ist für ein paar Momente verschwunden. Eine grauenhafte, sinnlose, unbefriedigende Sucht. Man kann sie sich als Monster vorstellen oder als Affen, der nach Fütterung verlangt. Erstaunlicherweise ist das Bild vom Affen als Sinnbild der Sucht in vielen Sprachen verbreitet. Ein englischer Rauschgiftsüchtiger spricht vom «Affen füttern» («I have to feed my monkey»), wenn er seine Sucht befriedigt. Egal ob Monster oder Affe, dieses «etwas» in uns kann tatsächlich systematisch ausgehungert werden. Wer vor zwanzig Minuten die letzte Zigarette ausgedrückt hat und das Gekreisch des Affen, der nach mehr schreit, ignoriert, versagt ihm damit die Nahrung. Je mehr man sein Monster füttert, desto stärker wird es. Versagt man ihm das Futter, wird es schwächer. Mit jedem Mal, das wir sein Schreien überhören, lässt die Sucht ein wenig mehr nach.

In etlichen Lebenssituationen ist man als Raucher gezwungen, dem Affen für eine Weile das Futter zu entziehen. In der U-Bahn, im Theater, bei Vorträgen, in der Kirche (das sind die Gebäude mit den hohen Türmen, in denen manchmal Flötenkonzerte oder indianische Meditationstänze stattfinden). Wer schon einmal zwei Stunden am Stück in der Oper gesessen oder einen mehrstündigen Flug überstanden hat, weiß, wovon die Rede ist. Die übliche Reaktion des Rauchers auf diese Situationen ist das sofortige Anzünden einer Zigarette nach Überwindung dieser Zwangspause. An Flughäfen oder vor Opernhäusern sieht man sie, wie sie bei Wind und Wetter draußen stehen (weil drinnen das Rauchen längst verboten ist), an ihren Zigaretten saugen und ihrem Affen neue Nahrung geben. Aber es ist eine Tatsache, dass nach dem Abklingen der ersten Gier nach neuem Nikotin, also zwanzig Minuten nach der letzten Zigarette, die Impulse immer schwächer werden. Anders gesagt: Wer es schafft, eine Stunde nicht zu rauchen – für die allermeisten Menschen durchaus vorstellbar –, hat es eigentlich schon geschafft, das Monster zu besiegen. Von da an ist jeder Impuls schwächer als der vorhergehende, der Affe wird langsam, aber sicher ausgehungert. Er mag sich noch etliche Male sehr laut melden, sich mit aller Gewalt noch einmal aufbäumen und aufblähen, aber er wird dennoch von Sekunde zu Sekunde, in der Sie ihn nicht füttern, schwächer.

Die meisten Raucher haben die Angewohnheit, nachts zu schlafen. Nur die wenigsten Raucher rauchen

Das Nicht-mehr-Rauchen

dabei. Jedenfalls hat es jeder, der acht Stunden Schlaf ohne Zigarette aushält, in der Hand, seinen Affen zu besiegen. Wer es nachts acht Stunden ohne Zigarette aushält, sollte, nur zur Übung, an diese acht Stunden weitere acht Stunden hängen, ohne zu rauchen. Wenn Sie zum Beispiel um 8 Uhr aufstehen, nehmen Sie sich vor, bis 16 Uhr auf keinen Fall zu rauchen. Wenn Sie das geschafft haben, schaffen Sie auch den Rest. Ihr Affe hat nun 16 Stunden nichts zu futtern gekriegt und ist mittlerweile ziemlich angeschlagen. Er wird sich mit aller Gewalt zu Wort melden, aber tatsächlich ist er schon so geschwächt, dass er nichts mehr gegen Sie ausrichten kann. Wer es als richtiger Qualmer, also nicht als Gelegenheitsraucher, schafft, 16 Stunden nicht zu rauchen, der schafft auch 24 Stunden. Ängstliche Naturen können jetzt, da sie es 24 Stunden geschafft haben, wieder damit anfangen und das Ganze als Experiment verbuchen. Wer es aber 24 Stunden geschafft hat, kann es auch 48 Stunden. Und wer es 48 Stunden geschafft hat, hat seinen Affen schon fast umgebracht. Er ist über den Berg und darf sich bereits als Sieger fühlen. Wer eine Woche ohne Zigarette geschafft hat, hat seinen Affen schon beerdigt und kann ihn nur noch selbst (aus Leichtsinn) zurück zum Leben erwecken. Medizinisch betrachtet ist die Sucht damit besiegt.

Der Sieg über die Gewohnheit ist eine reine Willensleistung, und nicht einmal eine besonders schwierige. Der Sieg über die Sucht ist ein wenig anspruchsvoller und verlangt einige Psychotricks, auf die ich im Laufe des Buches einzeln eingehen werde. Den Absprung aber muss der geneigte Leser selber wagen. Diesen Schritt ins

Ungewisse kann man weder an einen Therapeuten noch an Pflaster, Kaugummis und Pillen delegieren. Sehr empfehlenswert, um den wichtigsten Psychotrick vorwegzunehmen, ist die «Walter-Mayer-Methode» des Nicht-dran-Denkens und des Um-Gottes-willen-nicht-Jammerns. Der noch raffiniertere Psychotrick ist die Erkenntnis, dass nicht nur die Befriedigung von Verlangen Lust bereiten kann, sondern auch das Überwinden von Verlangen! Ein paar Anleitungen dazu folgen später.

Unter allen Süchten gehört die Nikotinsucht zwar einerseits zu den harmlosesten, da ihre Sogwirkung mit jeder Minute des Entzugs abnimmt, andererseits ist sie aber auch ganz besonders heimtückisch und listig. Auch wenn – medizinisch gesehen – die Sucht bereits besiegt ist, kommen die Attacken in regelmäßigen Abständen wieder. Die Versuchung ist zwanzig Minuten nach dem letzten Zigarettenzug am allerstärksten. Ist der Impuls, zur nächsten Zigarette zu greifen, besiegt, wird es zwar von da an minütlich leichter, aber dennoch suchen einen immer wieder auf hinterhältigste Weise Suchtattacken heim. Sie kommen in Stunde 2 nach der letzten Zigarette, in Stunde 25, eine Woche später, nach zwei Wochen, in zwei Monaten. Nach acht Wochen Entzug nehmen die Versuchungen rapide ab – in Schlüsselsituationen kommen sie aber garantiert wieder. Aber merke:

Es kommt immer nur eine Versuchung gleichzeitig. Sie müssen nur diese eine Versuchung überwinden!

Das Nicht-mehr-Rauchen

Die Versuchung mag frontal von vorn oder etwas subtiler von halb rechts, oder völlig unerwartet von hinten kommen. Sie mag zu einem Zeitpunkt kommen, an dem Sie das Rauchen längst vergessen, die Sucht also längst besiegt haben. Aber: Es ist immer nur *eine* Versuchung, die es niederzuringen gilt. Es ist nie wie in den Filmen, bei denen der Held Angriffe von mehreren Seiten gleichzeitig abwehren muss. Es ist immer nur die *eine* Zigarette, die geraucht werden will.

Merke: Wenn Sie es schaffen, diese *eine* Zigarette zu meiden, dann haben Sie's geschafft!

Der Nachteil der eingangs erwähnten Drei-Wochen-Regel ist also, dass sie den Neu-Nichtraucher in falscher Sicherheit wiegt. Hat man die magischen drei Wochen «überstanden», kann man sich ja ruhig mal wieder eine anzünden oder «nur einmal ziehen». Schließlich ist überall nachzulesen, dass man nach drei Wochen die Sucht endgültig besiegt hat. Kaum hat man dies aber getan, ist der Affe wieder lebendig und die Sucht wieder da. Diese Momente kommen garantiert, aber sie kommen immer nur in Gestalt *einer* Versuchung. Wenn man dieser *einen* Versuchung widersteht, bleibt der Affe tot.

Natürlich sind die ersten drei Wochen der Entwöhnung eine Schlüsselzeit. Natürlich sind in dieser Zeit die Versuchungen am verlockendsten, am subtilsten, am forderndsten, und vor allem: am regelmäßigsten. Aber Sie dürfen diese drei Wochen keinesfalls als Qual empfinden, sondern als ein überaus befriedigendes Selbstüberwindungserlebnis. Wie oft ist es bei den guten Vorsätzen geblieben? Hier ist ein Vorsatz, den Sie leicht verwirklichen können. Einen billigeren und lohnenderen Sieg über sich selbst gibt es gar nicht. Es ist sehr viel schwerer, auf Dauer und regelmäßig Sport zu treiben, es ist überaus schwierig, konsequent seine Ernährung umzustellen (zumal wenn man sich hauptsächlich von Wurst und Brot ernährt). Aber der Sieg über das Rauchen ist leicht und erhebend zugleich und wirkt ungemein inspirierend. Der Triumph über das Rauchen macht so viel Spaß und beflügelt derartig das eigene Ego, dass das Überwinden von schlechten Gewohnheiten wiederum zur Sucht werden kann. Viele zahlen sehr viel Geld für Abenteuersportarten, dabei ist das Ringen mit der eigenen Natur nicht nur die aufregendste und befriedigendste, es ist unter den vielen Freizeitangeboten die preiswerteste Sportart und am einfachsten regelmäßig zu betreiben.

Die Erfahrung der ersten drei Wochen Entwöhnung, also genau jener Zeit, die selbst in den wohlwollendsten Ratgebern als eine Art Fegefeuer beschrieben wird, habe ich als wohltuende Passage empfunden. Natürlich hat das auch ein wenig mit Autosuggestion zu tun, aber wenn man schon etwas macht, was möglicherweise unangenehm ist, tut man gut daran, sich selbst davon zu überzeugen, dass man es wenigstens genießt. Es geht darum, einen Schalter im Gehirn umzulegen und sich darüber klar zu werden, dass man durch die Überwindung einer Sucht Befriedigung erfährt – und zwar sehr viel intensiver, als wenn man ihr nachgeben würde. Die angeblich so schlimmen ersten drei Wochen habe ich als dermaßen beglückend empfunden, dass ich sogar ein

Das Nicht-mehr-Rauchen

wenig mit Wehmut zurückblicke. Zu meiner Freude darf ich aber sagen, dass ich immer wieder mal das Verlangen nach einer Zigarette spüre. Und darüber bin ich heilfroh! Denn jedes Mal, wenn die Versuchung mich lockt, bekomme ich auf dem Silbertablett eine Gelegenheit serviert, mir selbst meine Stärke zu beweisen – obwohl es mir ja eigentlich leicht fällt, denn die Belästigung des ständigen Verrauchtseins vermisse ich keineswegs. Dennoch ist es jedes Mal ein wenig erhebend, einer Versuchung widerstanden zu haben. Leider werden die Versuchungen mit Dauer der Entwöhnung immer schwächer und seltener.

Raucht man in der Zeit der Entwöhnung dennoch eine Zigarette, fühlt man sich danach nicht besser, sondern schlechter. In manchen Rauchentwöhnungstherapien ist der Rückfall der Super-GAU. Dabei ist ein Rückfall mit der richtigen Einstellung nichts anderes als die Bestätigung, dass die Zigarette weder schmeckt noch einem gut tut, man ergo schleunigst auf den Pfad der Tugend zurückkehrt und die soeben gerauchte Zigarette aus dem Gedächtnis streicht.

Wenn ich auf die drei Wochen meiner «Übergangsphase» zurückblicke, muss ich sagen, dass dies die wahrscheinlich triumphalsten, und auf die Gefahr hin, dass es traurig klingt, spannendsten Wochen meines Lebens waren. Manchmal stelle ich mich bei einem gemütlich verrauchten Abend mit Alkohol und rauchenden Freunden ganz bewusst der Versuchung, bin aber dann ziemlich enttäuscht, wenn ich die anderen bemitleide, weil sie zwanghaft Zigaretten anzünden, einatmen, ausdrücken müssen, statt selbst in Versuchung zu geraten. Es ist, um es auf den Punkt zu bringen, um ein Vielfaches erhebender und befriedigender, ein Nicht-*mehr*-Raucher zu sein als ein Schon-immer-Nichtraucher. Eigentlich sollten Schon-immer-Nichtraucher mit dem Rauchen anfangen und es sich wieder abgewöhnen, einfach um in den Genuss dieser Erfahrung zu kommen. Es macht sehr viel mehr Spaß, bewusst frische Luft zu atmen, wenn man sich daran erinnert, wie behindert früher die Atmung war. Es ist sehr viel befriedigender, plötzlich Komplimente dafür zu bekommen, dass man so viel «agiler» sei als früher oder dass man besser aussehe, als wenn man schon immer agil oder gesund aussehend gewesen ist. Manchmal sitze ich in der U-Bahn und sehe mir gegenüber jemanden, der sicher noch nie in seinem Leben eine Zigarette angerührt hat. Mein erster Gedanke ist: «Wie langweilig!»

Schon sehr bald, nachdem man das Nikotinmonster besiegt hat, kann man die positiven Begleiterscheinungen gar nicht mehr zählen. Menschen, die eine Sucht besiegt haben, entdecken ungeahnte Fähigkeiten in sich und wachsen durch diese Erfahrung zu der Person, die sie eigentlich schon immer hätten sein sollen. Das wirkt sich auch im privaten Umfeld und in der Karriere aus. Albert Einstein soll gesagt haben, der Mensch nutze nur einen Bruchteil seines intellektuellen Potenzials.

Eine Sucht wie die Nikotinsucht, die so deutlich die Gesundheit und das Allgemeinbefinden beeinträchtigt, behindert die Entfaltung des eigenen Potenzials. Entledigt man sich dieser Ketten, hat man Zugriff auf Quellen, von deren Existenz man nie auch nur etwas ahnte. Wer eine Sucht besiegt, wächst innerlich. Das ist ein

Das Nicht-mehr-Rauchen

enormer Vorteil, den Süchtige gegenüber Nicht-Süchtigen haben. Der Süchtige trägt durch die Möglichkeit, die Sucht zu besiegen, die greifbare Chance für das innere Wachstum in sich. Da inneres Wachstum eine im wörtlichen Sinne erhebende Erfahrung ist, lässt sich der lästigste aller Raucher-Irrtümer sehr schnell widerlegen: Das Leben ohne Zigaretten ist viel genussvoller als das Leben mit ihnen.

Was man gewinnt

Wenn Rauchen so großartig ist, warum rauchen dann eigentlich nicht alle, und zwar ununterbrochen, so wie früher der Zeichentrick-Cowboy Lucky Luke (dem man inzwischen übrigens – wir leben in Zeiten der political correctness – die Zigarette im Mundwinkel durch einen Grashalm ersetzt hat)? Würde man tatsächlich aus Genuss und Vergnügen rauchen – und nicht, um die Sucht zu befriedigen –, würde man sehr, sehr viel mehr rauchen, als Raucher dies tun.

Tatsächlich raucht man aber nur, wenn die Sucht danach verlangt, das heißt, wenn der Nikotinpegel so weit gesunken ist, dass der Affe nach Nachschub verlangt.

Selbst zu meinen Zeiten als überzeugter und leidenschaftlicher Raucher ärgerte ich mich oft darüber, dass im Verhältnis zu den gesundheitlichen, sozialen und ästhetischen Nachteilen des Rauchens die Wirkung des Krauts an sich relativ unerheblich war. Gewiss, vor dem Anzünden einer Zigarette freute ich mich auf sie: Ich zog sie aus einer – am liebsten frischen – Schachtel, steckte den Filter zwischen die Lippen und wusste, gleich würde das Verlangen befriedigt sein. Der erste Zug ist ein erlösendes Gefühl, so wie für den Heroinsüchtigen der Moment, in dem das Gift seine Neurotransmitter erreicht. Doch während Heroin ein tiefes

Wohlgefühl auslöst, geschieht beim Nikotin eigentlich gar nichts, außer dass die Sucht befriedigt wird. Die Nikotinsucht ist die Sucht nach der Suchtbefriedigung, nicht die Sucht nach einer angenehmen Wirkung. Von allen Süchten ist die Nikotinsucht daher die undankbarste, gleichsam kleinbürgerlichste aller Süchte. Das Nikotin enthemmt nicht wie der Alkohol, es führt nicht – wie Heroin oder Opium – in gefährliche Scheinwelten, der Tabakgenuss stimuliert nicht wie das Kokain, sondern: Es benebelt. Aber auch das nur gerade mal so wenig, dass man als braver Leistungsbürger noch seiner Pflicht nachkommen kann. Es ist die Droge des Lehrers Lämpel in Wilhelm Buschs «Max und Moritz». In einer uralten Gesundheitsfibel meiner Großmutter, die ich auf dem Speicher gefunden habe, heißt es: «Das Rauchen gehört zu den widernatürlichsten Genüssen, durch welche die Menschheit sich krank macht. Besonders die Mohammedaner frönen diesem Genuss und ersticken durch denselben das Verlangen nach berauschenden Getränken, die ihnen bekanntlich versagt sind. Außerdem setzen sie bei ihrem allgemeinen Hange zum Nichtstun das Nervensystem in einen Zustand der Abspannung, in dem es ihnen möglich wird, ihre eigene Trägheit zu ertragen.» Nicht ganz «politisch korrekt», aber in der Beschreibung der Wirkung des Tabaks leider auch gar nicht so weit entfernt von der Wahrheit.

Nach der Zigarette fühlt man sich exakt so, wie man sich fühlte, bevor man daran gedacht hatte, sich eine anzuzünden. Dies verleitete mich zu folgendem Spiel, das ich jedem Raucher nur zur Nachahmung empfehlen kann: Sobald Sie das Verlangen nach einer Zigarette verspüren, bilden Sie sich ein paar Sekunden lang ein, Sie hätten jetzt eine Zigarette geraucht und soeben ausgedrückt. Das Verlangen hält selten länger als 20 Sekunden an, Sie müssen also nur 20 Sekunden für diese einfache autogene Übung aufwenden. Wenn Sie es versuchen, werden Sie nicht leugnen können, dass Sie sich danach nicht anders fühlen, als Sie sich nach einer Zigarette fühlen würden. Aber Ihr Atem ist besser, Ihre Finger sind nicht gelb, Ihr Blutdruck ist normal und Ihre Gesichtsfarbe frisch. Sie fühlen sich also nach einer Nicht-Zigarette besser als nach einer Zigarette.

Gegen Ende meiner Raucher-Karriere rauchte ich immer noch eine Schachtel am Tag, und zwar jene Öko-Zigaretten namens American Spirit, die leichten, die typische «Ich-will-eigentlich-gar-nicht-mehr-rauchen-tu-es-aber-leider-immer-noch»-Marke. Trotz des «eingeschränkten» Konsums von «nur» zwanzig Zigaretten am Tag führte ich die Zigarette pro Tag etwa zweihundertmal zum Mund, 1400-mal in der Woche, 73.000-mal im Jahr. Und all dies, ohne wirklich etwas davon zu haben oder irgendeinen Nutzen daraus zu ziehen. Ich spürte zwar deutlich, dass meine Sauerstoffversorgung nicht optimal war, dass mir manchmal leicht schwindlig wurde. Ich spürte meinen schlechten Atem, und auch meine Lungen fühlten sich nicht gesund an. Aber an irgendeine angenehme Begleiterscheinung des Zigarettenkonsums entsinne ich mich nicht. Man raucht, weil man süchtig ist, nicht weil man es «mag».

Nichtrauchen hingegen macht man, weil es angenehm ist. Wer erst einmal erlebt hat, wie genussvoll ein

Was man gewinnt

Leben mit intakter Sauerstoffversorgung und ohne die kontinuierliche Belastung durch Nikotin, Nitrosamin, Kohlenwasserstoff, Ammoniak und tausende anderer chemischer Substanzen ist, wird – so er bei Trost ist – dieses befreite Leben um nichts in der Welt gegen das verhustete vorherige Leben eintauschen wollen. Das Groteske beim Rauchen ist, dass man als Raucher Angst davor hat, dass das Leben ohne Zigarette weniger genussvoll sein könnte. Was einen weiterrauchen lässt, ist die Angst, dass man den Verzicht auf Zigaretten als Verlust empfinden könnte. Dabei ist genau das Gegenteil der Fall. Es gibt eine wichtige Erfahrung, die all jene machen, die es geschafft haben, drei Wochen nicht zu rauchen:

Merke: Wer das Rauchen aufgibt, verliert nichts, sondern gewinnt enorm an Lebensqualität.

Schon nach der Überwindung der ersten 48 Stunden fühlt man sich von Stunde zu Stunde besser. Peu à peu gewinnt man ein Gefühl zurück, das man als Raucher nur noch in sehr lichten Momenten kannte: Vitalität. In erster Linie liegt dies wohl an der besseren Sauerstoffversorgung des Gehirns, aber auch daran, dass Ihr Körper langsam das Gift los wird, mit dem Sie ihn über Jahre angereichert haben. Das Nikotin und die zigtausend Schadstoffe, mit denen Sie Ihr Wohlbefinden bisher belastet haben, fallen plötzlich nicht nur weg, sondern bauen sich sogar nach kurzer Zeit vollständig ab. Der Rauch einer einzigen Zigarette enthält über eine Million so genannter freier Radikale, eine enorme Belastung für unser ganzes System. Lassen Sie dies alles plötzlich weg, dankt es Ihnen Ihr Körper sofort und spürbar. Das Lebensgefühl ohne die ständige Verengung der Blutgefäße ändert sich schlagartig. Nicht nur das Gehirn, jeder Muskel, jede Zelle werden besser mit Sauerstoff versorgt. Der Körper kann dies zunächst kaum glauben und reagiert, wie es ein gut gelaunter, zum Feiern aufgelegter Organismus eben tut: Mit Hormonausschüttungen, die als Euphorie erlebt werden. Die «Lebensgeister» kehren zurück, man denkt klarer und freier.

Dank der besseren Sauerstoffversorgung steigt das Allgemeinbefinden erheblich, ebenso das Denkvermögen und die Konzentrationsfähigkeit. Die Annahme, Rauchen erhöhe die Konzentrationsfähigkeit, ist eine der größten Propaganda-Lügen überhaupt und hat sich vermutlich durch irreführende Bücher und Filme in unseren Köpfen festgesetzt: Sherlock Holmes verbrachte ganze Nächte Pfeife rauchend, um über einen Fall zu grübeln, jeder amerikanische Detektiv von Raymond Chandlers Marlowe bis zu Peter Falk als Colombo rauchte, wenn er ein Verbrechen aufklärte. Gerne nimmt man an, große Schriftsteller seien stets auch große Raucher gewesen, doch niemand brachte die Wahrheit präziser auf den Punkt als eines der größten Schriftstellergenies überhaupt: Leo Tolstoi. Von ihm stammt der Satz, das Rauchen habe überhaupt nur den Zweck, «die Intelligenz zu vernebeln». Wissenschaftlich ist Tolstois Satz inzwischen etliche Male belegt. Es kann überhaupt kein Zweifel daran bestehen, dass die Gehirnleistung durch das Rauchen negativ beeinträchtigt wird. Auch das Erinnerungsvermögen zieht das Rauchen in Mitleidenschaft.

Was man gewinnt

Studenten können also dankbar sein, dass es während des Examens nicht erlaubt ist zu rauchen.

Wer lange viel geraucht hat und plötzlich nicht mehr raucht, wird geradezu erschrocken feststellen, wie klar sein Denken plötzlich wird: Man nimmt die Umwelt nun sehr viel klarer wahr, nicht nur Gerüche und andere Sinneseindrücke. Auch die Synapsen scheinen besser vernetzt, der Geist arbeitet besser. Viele Raucher greifen bei aufkommenden Emotionen automatisch nach der Zigarette. Egal ob man Freude oder Stolz oder Ärger und Leid empfindet, man greift zur Zigarette, ohne sich bewusst zu sein, dass man so seine Gefühle *unterdrückt*, statt sie zu *erleben*. Es mag sich nach schrecklich banaler Küchenpsychologie anhören, ist aber leider die Wahrheit: Mit Zigaretten schafft man eine Wand, oder besser noch: einen Schleier zwischen sich und der Welt. Versuchen Sie, bei der nächsten Freude, die Sie empfinden, oder beim nächsten interessanten Gedanken nicht zur Zigarette zu greifen. Sie werden merken, wie die Glückssignale in Ihrem Gehirn zu fließen beginnen, statt wie sonst unterdrückt zu werden. Seien Sie darauf vorbereitet, dass das Leben plötzlich sehr viel unmittelbarer wird, sobald dieser Schleier aus Rauch gelüftet wird. Sie werden Dinge sehr viel intensiver und bewusster genießen. Momente, die man früher unbedingt mit einer Zigarette hätte «feiern» wollen, werden nun erst wirklich erlebbar. Die Tasse Kaffee, der Gin Tonic oder das Bierchen schmecken nach getaner Arbeit besser, wenn man sie «pur» genießt, statt den Genuss sofort wieder mit Nikotin zu verschleiern.

Für das neue Nichtraucherleben bedankt sich ihr

Körper schon nach einem Tag ohne Zigarette mit besserem und vitalerem Aussehen. Die Haut wirkt gesünder, der Blick ist klarer, die Bindehaut der Augen ist plötzlich strahlend weiß, die Zähne wirken heller.

Es ist ein inzwischen weitgehend ausgeräumtes Missverständnis, dass nur Frauen an gutem Aussehen interessiert seien. Man muss schon ziemlich eitel und blasiert sein, um lieber ungesund auszusehen als gesund.

Wer, statt in regelmäßigen Abständen verbrannte Giftstoffe einzuatmen und sein Leben sozusagen an einem chemischen Lagerfeuer zu verbringen, den Schritt zum Kettennichtraucher macht, wird durch das Leben so vielfältig beschenkt, dass ein Weg zurück nie mehr infrage kommt. Auch Rückfälle können verkraftet werden, ohne dass man gleich alles hinwirft, wenn man mit Händen greifen kann, worauf man all die Jahre als Raucher verzichten musste: Ein gesundes Lebensgefühl, Vitalität, Agilität, klares Denken, wache, unmittelbare Gefühle, ein besseres Aussehen, ein stabiles Immunsystem, ein höheres Selbstwertgefühl und eine höhere Selbstachtung. Der Übergang zum Nicht-*mehr*-Rauchen wird zum Schlüsselmoment, von dem an das Leben eine interessante Wendung nimmt. Und jede gravierende positive Veränderung, zu der man sich durchringt, lässt andere positive Veränderungen folgen.

Unser Lebensgefühl ist im wesentlichen von drei Faktoren abhängig: Ernährung, Bewegung, Spiritualität. Die Karikatur des modernen Menschen der westlichen Hemisphäre sieht so aus: Er ernährt sich von fettiger, nährstoff- und vitaminarmer Nahrung, muss für sein Überleben kaum noch einen Finger rühren, und zu

Was man gewinnt

allem Überfluss fehlt auch noch jegliches Verständnis für «Höheres». Zu den Giften und Chemikalien, die er einatmet und die sich in seiner Nahrung befinden, kommt schlimmstenfalls noch die eine oder andere Sucht, also die systematische und hochdosierte Zufuhr von Giften hinzu. Viel zu viele intelligente Menschen ähneln dieser Karikatur bereits mehr, als sie wahrzuhaben bereit sind. Einzige Rettung scheint uns allen die so genannte Wellness. Noch nie gab es in Deutschland so viel Wellness-Angebote, noch nie wurden so viele Vitaminpillen geschluckt. Es gibt plötzlich nicht mehr nur Wellness-Kuren, sondern auch Wellnes-Joghurt-Drinks, Wellness-Säfte, Wellness-Tees. Wellness scheint überhaupt der einzige Wachstumsmarkt zu sein. Selbst in Jugendmagazinen gibt es plötzlich ganze Sektionen, die der Gesundheit gewidmet sind («Wie werde ich mein Kopfweh los? 10 Tipps»). Öko-Produkte werden plötzlich im Supermarkt verkauft, Sehnsucht nach Vitalität ist ein Massenphänomen. Dabei ist der effektivste Wellness-Trip das Nicht-mehr-Rauchen, überdies das einzige Angebot, für das man nicht zahlt, sondern auch noch Geld erhält. Es ist die beste Entgiftungskur, und bald werden auch die letzten Bio-Laden-Kunden, die noch rauchen, einsehen, dass es absurd ist, sich mit jedem Zigarettenzug zigtausende giftige Chemikalien zuzufügen, aber bei Obst und Gemüse auf möglichst geringe Schadstoffbelastung zu achten. Der einfachste Weg aus dieser selbstzerstörerischen Zivilisationsverwahrlosungsspirale ist der Abschied von der Zigarette. Dem Sieger erscheint sein Triumph so gewaltig, so überwältigend, er gewinnt einen derartigen Respekt vor seiner eigenen Selbstüberwindung, dass ihn das veränderte Lebensgefühl dazu motiviert, auch andere Missstände in seinem Leben anzugehen. Und wenn er mit der neu gewonnenen Euphorie in Hinsicht Ernährung, Bewegung und Spiritualität Vorsätze fasst und bald wieder an der einen oder anderen Stelle rückfällig wird, so kann er sich doch immer wieder daran erinnern, dass er zumindest schon einmal das eine, das Rauchen besiegt hat.

Was man gewinnt

Ein Wort zur Freiheit

Der Mensch ist ein vernunftbegabtes Wesen. Vernunft ist, wenn man nicht nur für die momentane Befriedigung der Bedürfnisse lebt, sondern in seinem Handeln die Folgen mit einkalkuliert. Der Soziologe nennt das Prinzip, sich eine Belohnung für später aufheben zu können, «deferred gratification». Für Max Weber ist dies der Kern des «okzidentalen Rationalismus» und Bedingung für jeden zivilisatorischen Fortschritt überhaupt. Auf den ersten Blick erscheint also das Rauchen als geradezu un-menschlich irrational. Welches vernunftbegabte Wesen tut schon etwas, was wissentlich nicht nur zu Krankheit und Tod führt, sondern im Moment des Konsums nicht einmal echten Genuss vermittelt? Der Hamburger Soziologe Heinrich Epskamp hat in einem Aufsatz für ein Ende der achtziger Jahre im Verlag der Zeitschrift «Konkret» erschienenen (und vom Rowohlt Verlag 1991 unter dem Titel «Blauer Dunst» wiederaufgelegten) Buch nachgewiesen, dass Rauchen nur scheinbar nicht in das Verhaltensmuster des rationalen, westlichen Wohlstandsbürgers passt. «Wer raucht», so Epskamp, «lallt nicht wie ein Trinker, bleibt auf lange Zeit im Vollbesitz seiner Arbeitskraft, ruiniert nicht sein Vermögen …» Das Rauchen ist also die ideale Droge für den Spießbürger. Schon W. F. Haug, schreibt Epskamp, habe das Rauchen einen «protestantischen Rausch» genannt. Die Illusion des Verwegenen, das James-Dean-und-Marlene-Dietrich-hafte des Rauchens, ist also nichts weiter als ein gelungener Marketingtrick.

Aber war es nicht gerade die Lust an der Auflehnung, an der Freiheit gegenüber der Vernunft, die uns einst zu Rauchern machte? Nicht Muttersöhnchen und brave Mädchen werden ja Raucher, sondern die, die bereit sind, das Gewagte, das Unvernünftige zu tun. Ist es nicht längst nachgewiesen, dass die interessanten Menschen in den Raucher-Abteilen der Züge sitzen? Der amerikanische Literaturwissenschaftler Richard Klein behauptet, dass kaum einer rauchen würde, wenn das Rauchen nicht schädlich wäre, denn es wohne ihm eine unheimliche, zerstörerische Schönheit inne. Eine Schönheit, die uns den Tod erahnen lässt und daher fasziniert. Der legendäre Cowboy der Marlboro-Reklame, der für eine ganze Generation das Bild von Freiheit und Abenteuer geprägt hat, hieß übrigens im «richtigen» Leben Wayne McLaren, rauchte dreißig Zigaretten am Tag und starb schon vor Jahren an Lungenkrebs, obwohl sein Gesicht (zum Beispiel auf manchen Marlboro-Softpacks) immer noch verwendet wird.

Der Schritt zum Nichtraucher scheint dem modernen Menschen mühselig und entbehrungsreich. Nicht nur die angeblich so verwöhnte Nach-Nach-Nach-Kriegsgeneration, die vielfach verunglimpften Wohlstandskinder, sind mit einer anerzogenen Gier aufgewachsen. Bereits seit Beginn des 20. Jahrhunderts ist der Konsumismus die bestimmende Ideologie. Der Mensch des 20. Jahrhunderts ist in dem Bewusstsein aufgewach-

Ein Wort zur Freiheit

sen, seelische Erfüllung sei nur zu erzielen, wenn man sie künstlich herbeiführt. Der Aufstieg des Konsumismus konnte hauptsächlich dank der Unterstützung der Massenmedien geschehen. Bevor dem Mensch erklärt wird, was ihm gut tut, weiß er ja nicht, was er zu konsumieren hat. Die erste Industrie, die Anzeigen in Zeitungen und Zeitschriften konsequent nutzte, war die Feel-Good-Industrie. Auf dem Höhepunkt der Industrialisierung in England war es ein gewisser Dr. Thomas Holloway, der als erster massenhaft kommerzielle Anzeigen in Zeitschriften schaltete. Sein Produkt war ein Placebo, das Frauen versprach, sich besser zu fühlen. Es war ein Verkaufsschlager. Der Mann wurde steinreich, und wohl aus schlechtem Gewissen, dass sein Vermögen auf Manipulation aufgebaut war, gründete Dr. Holloway eine Mädchenschule, die heute Teil der Universität von London ist.

Erst heute, am Ende der Industriellen Revolution, wird offenbar, dass es nicht unbedingt Konsum, das «Einnehmen» von Dingen ist, was uns glücklich macht. Immer mehr spricht sich herum, dass es erfüllend sein kann, nicht jedem Verlangen nachzugeben, dass es oft das Weglassen, der Verzicht ist, der Freiraum und somit Wohlbefinden schafft.

Die Autorin Juli Zeh, Jahrgang 74, macht aus dieser Erkenntnis sogar eine politisch-historische Theorie: Nach dem Abschied von Religion und Politik hat in ihren Augen nun auch der Glauben an die Götzen der Wirtschaft als Sinn stiftende Kraft versagt. Viele fühlen das, was Ernst Bloch die «Melancholie der Erfüllung» nannte. Egal wie viel wir uns gönnen, wir stellen fest, dass die Versprechen des Konsumismus hohl und letztlich unbefriedigend sind. Der so genannte «Feel-Good-Faktor» erhöht sich durch die Freiheit, die man erlangt, wenn man sich nicht verführen lässt, sondern sich selbst behauptet. Er steigt sogar – und das ist noch erstaunlicher –, wenn man unangenehme Dinge, auch echtes Leid, nicht ausblendet, sondern zulässt und sie weder sich noch anderen auszureden versucht. Die unangenehmen Dinge im Leben – und damit ist eigentlich auch schon das «Geheimnis des Glücks» verraten – werden natürlich nicht weniger unangenehm, wenn man sie mit betretener Miene und bedrückten Gemüts erträgt. Oder, um es mit dem Dalai Lama zu sagen: Das Glück wohnt in dir selbst! Bezogen auf das Rauchen bedeutet das: Wenn Sie das Nicht-mehr-Rauchen unbedingt als Qual empfinden wollen, dann tun Sie es! Einfacher für Sie ist es aber, wenn Sie es als Glück und Befreiung sehen, die aber eben die eine oder andere Überwindung einschließt. Zur Würde des Menschen gehört die Freiheit. Natürlich auch die Freiheit, sich Schaden zuzufügen. Aber man hat auch das Recht, sich Gutes zu tun. Ein freier Mensch darf sich nicht das Recht versagen, sein Leben zu verbessern, nur weil er sich nicht zutraut, gelegentlich Verzicht zu üben.

Unglücklicherweise werden gerade viele intelligente Menschen hauptsächlich durch schiere Penetranz der Anti-Rauch-Lobby davon abgehalten, ebenfalls aufzuhören. Bei Lichte betrachtet ist dies wahrscheinlich der mit Abstand schwachsinnigste Grund, nicht damit aufzuhören. Das eigene Wohlbefinden zu zerstören, nur weil man viele, die gegen das Rauchen sind, idiotisch findet, ist schon sehr absurd. Die Entscheidung aufzuhören bleibt aber eine freie Entscheidung. Und sie ist eine Entscheidung für die Freiheit.

Darf ich zum Thema Freiheit noch eine kleine Geschichte anfügen? Vor Jahren habe ich einmal einen gut aussehenden jungen Mann namens Patrick Reynolds kennen gelernt. Er ist einer der Erben des Zigarettenmultis Reynolds, der vor allem für seine Marke Camel berühmt ist. Inzwischen gehört Reynolds längst zum noch größeren Konzern Japan Tobacco International. Patrick Reynolds hatte seiner Familie den Rücken gekehrt (freilich nicht ohne sich vorher mit einigen Milliönchen ausstatten zu lassen) und wurde Aktivist der amerikanischen Anti-Zigaretten-Lobby. Wir saßen in der in München damals sehr beliebten Kneipe «Madrigal», ich rauchte rote Marlboros, als stünde das jüngste Gericht bevor, und vor mir saß der braun gebrannte, salatessende Zigarettenerbe, der so leidenschaftlich gegen das Rauchen kämpfte. Auf die Frage, ob er seine Lage nicht selbst als ein wenig kurios empfinde, erzählte er mir, wie er als Teenager das erste Mal mit seinem Vater in die riesige Zigarettenfabrik gegangen sei, wie er dort Maschinen sah, die pro Minute 10 000 Zigaretten produzierten. Er durfte sich alles genau anschauen; nur eine einzige Lagerhalle blieb für ihn stets tabu. Nie durfte er auch nur in die Nähe dieser streng bewachten Halle. Erst als er mit seiner Volljährigkeit stimmberechtigter Großaktionär wurde, bestand er darauf, sie betreten zu dürfen. Widerwillig nahm ihn sein Vater daraufhin dorthin mit. Was er dort sah, erzählte er mir, habe ihn schlagartig zum Nichtraucher gemacht: Tonnen über

Tonnen verschiedenster Gifte, auf allen Totenköpfe mit darunter verschränkten Knochen: das Gift-Symbol. Er erklärte mir, dass neben dem Nikotin zigtausende andere Gifte industriell hergestellten Zigaretten zugesetzt werden. Schwefel etwa, damit die Zigaretten besser brennen und ziehen. Der Reynolds-Konkurrent Philip Morris (Marlboro, Peter Stuyvesant) entdeckte zum Beispiel, dass man den Nikotinwert einer Zigarette immer weiter reduzieren kann, ohne den «kräftigen Geschmack» zu verlieren, wenn man den Tabak mit Ammoniak anreichert. Ammoniak! Minimale Dosen Ammoniak oral oder gar intravenös genügen, um einen ausgewachsenen Bären in die ewigen Jagdgründe zu befördern. Mit jedem Zug an meiner Marlboro beförderte ich freiwillig Ammoniak in meinen Körper. Kein Wunder, dass ich nach durchzechten und verqualmten Nächten nicht nur am Alkohol-Kater litt, sondern mich regelrecht chemisch vergiftet fühlte. Nikotin, sagte Patrick Reynolds, sei in seiner reinen Form eine farblose Flüssigkeit, aber ein hochwirksames Gift. Schon 10 Milligramm haben – oral eingenommen – schwerste Vergiftungen zur Folge; wer eine schwache Kondition hat, kann daran sogar sterben. Die doppelte Dosis, also 20 Milligramm, führen, wenn sie auf einmal eingenommen werden, auch bei einem kerngesunden, ausgewachsenen Mann zu einem schnellen, aber qualvollen Exitus. In eine handelsüblichen Zigarette sind etwa 2 bis 4 Milligramm Nikotin enthalten. Also fügt sich ein Raucher, der täglich eine Packung raucht, die doppelte Todesdosis Nikotin zu, allerdings in so kleinen Häppchen über den Tag verteilt, dass er daran nicht stirbt, sondern sich

Ein Wort zur Freiheit

nur elend fühlt. Wer sich also umbringen will, aber gerade kein Zyankali griffbereit hat, kann auf an jeder Ecke erhältliche Zigaretten zurückgreifen und den Inhalt einer Schachtel zerbröselt statt Parmesan über seine Spaghetti Bolognese streuen. Wer ganz sicher sein will, kann auch zur Zigarre greifen. In einer anständigen Havanna, etwa von Montecristo oder Cohiba, sind etwa 100 Milligramm des hochwirksamen Giftes enthalten. Guten Appetit.

Mythen und Gewissheiten

Bevor ich Ihnen nun die konkrete Anleitung verrate, wie Sie mit dem Rauchen aufhören können, möchte ich noch rasch einige Rauchermythen und Nichtrauchergewissheiten Revue passieren lassen.

Mythos Nummer 1: Wer das Rauchen aufgibt, kann bestimmte Momente des Lebens nicht mehr im gleichen Maße genießen wie früher. Absoluter Humbug! Man lässt das Leben sehr viel mehr an sich heran, Momente der Entspannung sind entspannter, Momente der Konzentration konzentrierter. In Gesellschaft ist es, außer vielleicht in einer Rastafari-Kommune auf Jamaika, inzwischen eher unangenehm zu rauchen. Man ist auf einen Aschenbecher angewiesen, man hat darauf zu achten, dass das Gegenüber keinen Rauch ins Gesicht bekommt. Das ganze Leben wird immer mehr zur Nichtraucherzone; so ist es einfach insgesamt bequemer und angenehmer, nicht auf Zigaretten angewiesen zu sein.

Mythos Nummer 2: Glücklich sind die, denen es gelingt, nur wenige Zigaretten am Tag zu rauchen. Absoluter Unsinn! Die meisten Wenig-Raucher machen sich das Leben schwer, weil sie ständig Verzicht üben. Manche warten den ganzen Tag, damit sie abends endlich rauchen dürfen. Wenn sie das Rauchen dermaßen genießen, warum rauchen sie dann nur fünf statt fünfzig am Tag? Weil sie es eben nicht wirklich genießen, sondern genau wissen, dass es ihnen nicht gut tut. Für 99,9 Prozent der Raucher ist «wenig zu rauchen» um ein Vielfaches schwerer als gar nicht zu rauchen. Am einfachsten ist es aber, aufzuhören und dem Rauchen nicht mehr nachzutrauern.

Mythos Nummer 3: Aufhören ist unangenehm. Das Gegenteil ist der Fall! Die Freiheit, die man durch den Absprung erreicht, ist mehr wert als der Rauch von 1000 Zigaretten.

Mythos Nummer 4: Man sollte als Neu-Nichtraucher Versuchungen aller Art, also auch die Gesellschaft von Rauchern, meiden. Unsinn! In den ersten drei Tagen (72 Stunden!) sollten tatsächlich keine Zigaretten in Reichweite sein. Danach können Sie ruhig bei Gelegenheit die Versuchung suchen, damit Sie sich die eigene Freiheit vor Augen führen können.

Mythos Nummer 5: In gewissen Situation sind ein paar Züge an einer Zigarette stimulierend, eine Art Energiespritze. Wahr ist: Ja, es werden die Schleimhäute gereizt, was im wörtlichen Sinne ein reizendes Gefühl sein kann, aber wahr ist vor allem, dass Nikotin die Blutgefäße verengt, dass Sauerstoff schlechter ins Gehirn gelangt und Inspiration, Erinnerungsvermögen und Konzentrationskraft beeinträchtigt werden. Jahrelanges Rauchen schädigt sogar das Hirn. Durch die allmähliche Ablagerung von Giften in unseren Blutgefäßen wird der Körper täglich schlechter mit Sauerstoff versorgt. Erst wenn er keine Giftstoffe mehr «nachfüllt», baut der Körper die Giftstoffe wieder ab. So kommt die Vitalität zurück, der Energiemangel verschwindet. Zigaretten stimulieren nicht, sie sedieren. Sie sind ein Schlafmittel für den Geist.

Mythos Nummer 6: Wenn man das Rauchen aufgibt, wird man dicker oder sucht sich eine Ersatzbefriedigung. Das stimmt nicht! Wer die eine durch die nächste Sucht ersetzt, hat den Sinn seines Tuns nicht begriffen. Zigaretten sind nichts, was ersetzt werden müsste. Wer sie los ist, hat sich von etwas Unangenehmem befreit und fühlt sich besser. Man fühlt sich so viel besser, dass man am liebsten gleich noch mehr in seinem Leben verbessern will. Wer wirklich sicher gehen will, dass er in der Entwöhnungsphase nicht an Gewicht zunimmt, sollte für einige Wochen seine Ernährung umstellen und sich in dieser Zeit mehr bewegen als sonst. Dazu später konkrete Tipps. Ersatzbefriedigungen sind traurig, weil sie zeigen, dass man nicht begriffen hat, wovon man sich befreit. In der Übergangsphase kann es geschehen, dass Sie eine Zigarre rauchen, weil Sie glauben, sich damit etwas zu gönnen. Dann sollten Sie es aber nicht bei einer lassen, sondern gleich fünf hintereinander rauchen, um sich spätestens bei der Dritten daran zu erinnern, wie ekelhaft sie schmecken. Dies geschieht am besten vor dem Spiegel. Schauen Sie sich beim Ketterauchen in die Augen.

Mythen und Gewissheiten

Mythos Nummer 7: In gewissen Situationen ist es beruhigend, sich an etwas festzuhalten. Falsch. Wahr ist: Wer sich an etwas festhalten muss, beweist sich selber seine Unsicherheit. Viel angenehmer und beruhigender ist es, sich seine eigene Selbstsicherheit zu beweisen und sich dann zu beobachten, zum Beispiel bei gesellschaftlichen Anlässen. Wer das Rauchen aufgibt, gewinnt als erste und umgehende Gratifikation ein erhöhtes Selbstwertgefühl. Nicht nur, dass Sie plötzlich besser aussehen, Sie werden auch noch Selbstsicherheit und Souveränität ausstrahlen!

Und nun die Gewissheiten:

Gewissheit Nummer 1: Wenn Sie nicht aufhören, behindern Sie sich in der Entfaltung Ihres Potentials und bleiben unter Ihren Möglichkeiten. Wenn Sie darauf verzichten, diesen Schritt zu tun, berauben Sie sich einer praktischen und nahe liegenden Möglichkeit, innerlich zu wachsen.

Gewissheit Nummer 2: Sie werden durch das Aufhören vielfach belohnt. Die Gesundheit verbessert sich, Sie sehen besser aus und erhalten Ihre Lebensgeister zurück, Ihre Souveränität steigt, Sie sparen eine Menge Geld. Aber vor allen Dingen belohnt der Sieg über das Rauchen durch ein Hochgefühl. Je mehr man geraucht hat, desto größer ist das Glücksgefühl der Befreiung.

Gewissheit Nummer 3: Wenn Sie weiterrauchen, werden Sie daran elendig krepieren. An dieser Wahrheit führt, bei aller Sympathie, kein Weg vorbei. Lungenkrebs ist die einzige Krebsform, die von den Kranken fast ausschließlich selbst herbeigeführt wird, und er ist eine der wenigen Krebsformen, die absolut unheilbar sind.

Gewissheit Nummer 4: Jeder kann aufhören. Je mehr Sie geraucht haben, desto leichter ist es aufzuhören. Denn umso größer ist die Freiheit, die Sie gewinnen. Wer sich unterschätzt und von sich glaubt, er könne nicht, was andere auch können, versündigt sich an seinem eigenen Potenzial.

Gewissheit Nummer 5: Aufhören ist einfach. Was es schwer macht, ist das Gejammere. Wer jammert, hat schon verloren. Jubeln Sie und seien Sie froh, den Schritt in ein genussreiches, erfüllteres, bewussteres Leben geschafft zu haben.

Gewissheit Nummer 6: Der Affe in Ihnen, der nach Fütterung schmachtet, wird nach ein paar Wochen endgültig ausgehungert sein. Nach drei Monaten – spätestens – stellen Zigaretten nicht mehr die geringste Versuchung für Sie dar. Wenn Sie dann an Ihre Zeit als Raucher zurückdenken, werden Sie sich wundern, dass Sie sich das so lange antun konnten. Sie werden Dinge genießen, deren Genuss Sie ganz vergessen hatten (der Geschmack guten Kaffees, der Duft frischer Luft am Morgen, Sie werden morgens ausgeruhter aufwachen und abends besser einschlafen, Ihr Schlaf wird geruhsamer, Ihre Sauerstoffzufuhr in der Nacht besser). Wer nach drei Monaten ohne Zigaretten wieder anfängt, tut dies aus reiner Torheit oder Selbstzerstörungssucht.

Gewissheit Nummer 7: Das Aufgeben des Rauchens wird eine der großartigsten Erfahrungen Ihres Lebens werden. Sie werden dankbar und beeindruckt sein, dass ein derartiger Triumph eine so einfach zu erringende Erfahrung ist.

Vom richtigen Zeitpunkt

Es gab einen Mann, der aus seinen Versuchen, das Rauchen aufzugeben, ein Spiel, einen Geistessport und schließlich Literatur gemacht hat. Sein Name war Ettore Schmitz, ein Sohn aus großbürgerlichem Hause, geboren in Triest, der k. u. k. Hafenstadt, Schnittpunkt italienischer, ungarischer und österreichischer Kultur Ende des 19. Jahrhunderts. In der bürgerliche Welt des Prokuristen Schmitz galt das literarische Schreiben nicht als ernsthafte oder gar lebenstaugliche Beschäftigung, also versuchte Schmitz es sich immer wieder abzugewöhnen, was ihm freilich nie gelang. Seine Versuche, das Rauchen aufzugeben, waren übrigens ebenso erfolglos wie seine Texte. Im vom nationalistischem Gefühl durchdrungenen Italien des ausgehenden 19. Jahrhunderts hatte Literatur schwülstig und pathetisch, gerne auch mystisch zu sein. Der nüchterne Stil des Prokuristen aus Triest, der unter dem Pseudonym Italo Svevo publizierte, wurde von der Kritik als «Kaufmannsesperanto» abgetan. Wahrscheinlich wären seine Texte bis heute unbekannt geblieben, wäre Schmitz nicht zur Eröffnung einer Filiale seiner Firma nach London gezogen. Er nahm dort, um sein Englisch zu verbessern, Privatstunden bei einem gewissen James Joyce. Joyce erkannte die literarische Gabe seines Nachhilfeschülers und ermunterte ihn, weiter zu schreiben. Wahrscheinlich hätte Italo Svevo ohne das gute Zureden von James Joyce nie seinen Roman «Zeno Cosini» geschrieben, in dem es vor allem um die Versuche des Protagonisten geht, das Rauchen aufzugeben. Das Aufgeben des Rauchens wird geradezu zum Scheingefecht gegen die Langeweile der bürgerlichen Welt seiner Zeit, gegen die Ereignislosigkeit einer Epoche, die aus lauter Abenteuersucht schließlich im Ersten Weltkrieg explodierte.

Für den fröhlichen Nichtraucher ist das Kapitel «Die Zigarette» am amüsantesten, in dem etliche «letzte Zigaretten» geraucht werden. Von «Zeno Cosini» lernen kann man, wie man es nicht machen sollte. Endlos sucht der Held nach einem passenden Datum und schummelt sich so immer wieder um den Absprung herum:

«Der neunte Tag des neunten Monats des Jahres 1899. Ein bezeichnendes Datum, nicht wahr? Das neue Jahrhundert schenkte mir Daten, die wieder von anderer musikalischer Übereinstimmung waren: ‹Der erste Tag des ersten Monats des Jahres 1901.› Heute noch glaube ich, dass ich imstande wäre, ein neues Leben zu beginnen, käme nur einmal so ein Datum wieder. Aber im Kalender ist an Daten kein Mangel. Mit etwas Phantasie könnte man eigentlich jedes mit einem guten Vorsatz in Einklang bringen. Dieses zum Beispiel schien mir einen kategorischen Imperativ zu enthalten: ‹Der dritte Tag des sechsten Monats des Jahres 1912, 24 Uhr.› Wie das klingt: als hätte jede Zahl den Einsatz der vorhergegangenen verdoppelt.»

Dieses Spiel kann man wie die Figur «Zeno Cosini»

ewig weiter treiben und zuverlässig verhindern, dass man je mit dem Rauchen aufhört. Tatsächlich gibt es wiederkehrende Daten, die für den Absprung vom Rauchen geeigneter sind als andere. Aber das zentral entscheidende Kriterium bleibt der eigene, nicht mehr rückgängig zu machende Entschluss. Es gibt Umstände, die in den 21 Tagen des Entzugs wie Rückenwind wirken, aber letztlich ist einzig die eigene Entschlossenheit entscheidend. Nur wenn diese Entschlossenheit da ist und man dem Rauchen bewusst nicht mehr nachtrauert, helfen auch begleitende Faktoren, auf die ich im nun folgenden zweiten Teil des Buches eingehe.

Um den eigenen Willen zu testen, kann man mit seinen Gewohnheiten spielen und seine Sucht ein paar Stunden oder ein paar Tage herausfordern; man kann einmal, zweimal oder auch dreimal den Absprung verpassen. Aber was man keinesfalls tun sollte, ist, mit fadenscheinigen Ausreden den Moment hinauszuzögern. Jeder Tag, an dem man raucht, macht das Aufhören schwerer. Je früher man aufhört, desto leichter fällt es. Leichter als es heute ist, wird es nicht mehr. Seit Jahrhunderten schwören Menschen auf der ganzen Welt, dass bestimmte Mondphasen die Entwöhnungsphase begünstigen, dass bei abnehmendem Mond der Übergang leichter fällt. Christen fasten seit Jahrhunderten sechs Wochen vor Ostern und vier Wochen vor Weihnachten. Heute ist diese Enthaltsamkeit auch unter Christen nicht mehr sehr verbreitet, wurde dafür aber umso euphorischer von Esoterikern und ganzheitlichen Medizinern entdeckt, die behaupten, dass Frühling und Herbst die besten Jahreszeiten für Kuren seien. Aber al-

Vom richtigen Zeitpunkt

les entscheidend ist letztlich die Entscheidung, den Entzug nicht als Opfer zu betrachten, sondern als Gewinn für die Lebensqualität. Nur wenn man dem Rauchen nicht nachtrauert, sondern voller Freude sein neues Leben als besser und befreiter begreift, kann man das Rauchen besiegen. Und dann ist der Zeitpunkt sekundär.

Natürlich sollten Sie die Umstände eines solchen Schritts möglichst so planen, dass sie Ihnen die ersten paar Tage der Entwöhnung erleichtern. Sie sollten den Moment des Absprungs in eine Zeit legen, in der Sie nicht mit dem täglichen Stress konfrontiert sind. Ein kleiner Erholungsurlaub, möglichst einer, bei dem Bewegung und gesunde Ernährung eingeplant sind, eignet sich da viel besser als der tägliche Bürotrott. Drei Tage (im idealen Falle natürlich drei Wochen) sollten Sie Zeit haben, um Ihrem Körper Gutes zu tun, damit Sie den vollen positiven Effekt des Nichtrauchens deutlich erleben.

Planen Sie nun also den Zeitpunkt und die Umstände für Ihren Absprung. Lesen Sie den zweiten Teil des Fröhlichen Nichtrauchers mit den konkreten Hilfestellungen erst, wenn der Zeitpunkt für Ihren Absprung gekommen ist und Sie ihn nicht länger hinauszögern wollen.

Teil II

Sieben Schritte zu einem freien Leben

Nun kommen wir zum wesentlichen Teil unseres Unterfangens. Sie haben sich nun jene Bedingungen geschaffen, unter denen Sie den Absprung wagen wollen. Alle Ausreden sind nun ad acta gelegt, alles Vor-sich-Herschieben überwunden. Im Idealfall halten Sie die Umstände nun von Ihrem täglichen Trott fern. Sie befinden sich im Urlaub, auf einer Kur, an einem langen Wochenende zu Hause. Sie haben in den nächsten drei Tagen keinen einzigen Termin, bei dem Sie zum Rauchen verführt werden könnten.

Folgen Sie nun den zehn Schritten, die ich hier beschreibe. Und zwar möglichst präzise und ohne Abweichung. Nur Schritt 2 können Sie überspringen, falls die Einbeziehung Gottes Ihre areligiösen Gefühle verletzt. Lesen Sie und machen Sie immer nur dann den nächsten Schritt, wenn Sie den vorhergehenden so buchstabengetreu wie möglich umgesetzt haben. An die Stellen, an denen ich Sie auffordere, eine gewisse Zeit zwischen den einzelnen Schritten vergehen zu lassen, legen Sie ein Lesezeichen, folgen den Anweisungen und nehmen das Buch erst dann wieder in die Hand, wenn die empfohlene Zeitspanne abgelaufen ist.

Dabei ist eines für das Gelingen entscheidend: Blicken Sie nie zurück! Hinterfragen Sie keinen Schritt, den Sie bereits getan haben, zweifeln Sie nie an einer Entscheidung, die Sie bereits getroffen haben! Wer zurückblickt, wird gefressen, im Zweifel von seiner eigenen Angst. Orpheus verspielte die Chance auf ein glückliches Leben, weil er in der Unterwelt zu Eurydike zurückblickte.

Schritt 1:
Prüfen Sie ein letztes Mal Ihre Entschlossenheit! Sind Sie wirklich gewillt, aufzuhören – oder wollen Sie es wieder nur *versuchen*? Wenn das so ist, quälen Sie sich nicht länger, legen Sie das Buch beiseite und wenden Sie sich nützlicheren Dingen zu. Es gibt wenig grausamere Foltermethoden, als zu «versuchen», mit dem Rauchen aufzuhören. Tun Sie es, oder tun Sie es nicht. Aber wenn Sie weiterrauchen wollen, dann rauchen Sie zumindest fröhlich weiter, statt mit schlechtem Gewissen. Und wenn Sie aufhören wollen, tun Sie dies ebenfalls fröhlich. Aber *versuchen* Sie um Himmels Willen nicht, aufzuhören!

Machen Sie nochmals eine geistige Inventur, rauchen Sie dabei, wenn Sie wollen, und lesen Sie zur Inspiration nochmals das kurze Kapitel »Mythen und Gewissheiten«. Egal, ob Sie rauchen, lesen oder nur nachdenken: Werden Sie sich ein für alle Mal darüber klar, ob es wirklich Sie *selbst* sind, der gewillt ist, den Absprung zu schaffen – oder ob es nur Ihre Umwelt ist, die Sie zum Aufhören bewegen will. Nur wenn es Ihre höchstpersönliche Entscheidung ist und diese felsenfest steht, haben alle weiteren Schritte einen Sinn.

Sie werden womöglich trotz aller Entschlossenheit in

den nächsten Tagen noch einmal zur Zigarette, vielleicht zur Zigarre und anderen Ersatzdrogen greifen wollen, aber diese Krisen können Ihnen nichts anhaben, Sie nicht von Ihrem Weg abbringen, wenn Ihre Entscheidung feststeht, wenn es für Sie keinen Weg zurück gibt. Fällen Sie, bevor Sie weiterlesen, eine unwiderrufliche Entscheidung. Haben Sie dabei keine Angst, denn es wartet ein wunderbares Leben voller Belohnungen auf Sie, aber fühlen Sie sich nicht zu dem Schritt überredet. Es ist **Ihre** Entscheidung. Stellen Sie sich folgende Fragen – und lesen Sie erst «Schritt 2», wenn Sie alle Fragen mit «Ja» beantwortet haben:

Will ich das Kapitel Zigaretten ein für alle Mal hinter mir lassen?

Tue ich das aus freien Stücken? Will ich es wirklich selbst?

Bin ich bereit, meinen Schritt als Befreiung und nicht als Opfer zu sehen?

Habe ich tatsächlich eingesehen, dass ich mir durch Zigaretten das Leben nicht schöner mache?

Habe ich verstanden, dass Zigaretten meine Lebensqualität einschränken?

Habe ich verstanden, dass mich meine Rauchsucht in der Ausschöpfung meines Potenzials behindert?

Sieben Schritte zu einem freien Leben

Wenn ich jetzt abspringe, bin ich dann entschlossen, nie mehr zurückzublicken? Nie mehr die bereits vollzogenen Schritte rückgängig zu machen?

Ja? Dann lesen Sie weiter.

Schritt 2:
Nun kommt ein Schritt, denn viele – wenn überhaupt – nur widerwillig tun können. Was von Ihnen nun verlangt wird, ist ein Akt der Unterwerfung und der Demut gegenüber Gott. Sie können diesen Schritt auch überspringen, aber Sie würden sich dadurch einer mächtigen, nicht durch den Verstand erklärbaren Hilfe berauben. Ich nenne diesen Schritt den «Turbo-Trick», weil er eine Entscheidung zwar nicht ersetzt, aber dem gefassten Entschluss eine ungeahnte Dynamik verleihen kann. Er stattet uns sozusagen mit übernatürlichem Rückenwind aus. Allerdings verlangt er von uns eine Demut, die den Zentraleuropäern, besonders uns Deutschen, nicht besonders zu liegen scheint. Kurt Wachtveitl, der aus Bayern stammende Chef des «Oriental» in Bangkok, des angeblich besten Hotels der Welt, sagte einmal, Deutsche hätten kein Problem damit, stundenlang verschmiert unter einem alten, kaputten Mercedes-Benz zu liegen, aber wenn man von ihnen verlange, einem Fremden einen Cappuccino zu bringen, täten sie das nur widerwillig und mit einem Gefühl des Versklavtseins. Es ist keineswegs ein Zufall, dass Deutschland das Land war, in dem das Knien in der Kirche abgeschafft wurde. Uns fällt es schwer zu dienen, Unterwerfung liegt uns nicht. Es gibt schlechtere Eigenschaften, ande-

rerseits ist die Unfähigkeit zur Demut auch ein echtes Hindernis zur Erlangung wahrer Größe, wahrscheinlich ein Handicap für das so genannte Glück, und auf alle Fälle ein Nachteil im Kampf gegen jede Form von Sucht. Der zentraleuropäische Widerwillen, sich zu unterwerfen, behindert uns auch und vor allem in unserer Spiritualität. Spiritualität ist aber ein mächtiger Verbündeter im Kampf gegen die Sucht.

Mein «Turbo-Trick» besteht nun darin, Gott in den Kampf mit einzubeziehen. Der große Vorteil dieses Tricks ist, dass er auch – und besonders – bei Nichtgläubigen wirkt. Gott hat, so belegen die einschlägigen Schriften wieder und wieder, die kuriose Vorliebe, die Bitten Nichtgläubiger, die sich aller Skepsis zum Trotz zu einer Unterwerfung durchringen, eher zu erhören als das Flehen seiner treuen Schafe. Das klingt zwar auf den ersten Blick ungerecht. Aber die Wege des Herrn sind unergründlich, das weiß man als Gläubiger. Gläubige müssen, so lehren die Quellen, eben zu drastischeren Mitteln greifen, um göttlichen Beistand zu erhalten, etwa zu Opferhandlungen. Auch dazu folgen gleich ein paar Tipps.

Die größten «Profis» auf dem Gebiet der Suchtbekämpfung sind ohne jeden Zweifel die weltweit agierenden «Anonymen Alkoholiker». Die Selbsthilfe-Organisation wurde 1935 gegründete, hat inzwischen Untergruppierungen für Abhängige aller Art und ist, besonders in angelsächsischen Ländern, sagenhaft erfolgreich im Kampf gegen Suchtkrankheiten. In Hollywood und in der besseren Gesellschaft Londons gehört es mittlerweile sozusagen zum guten Ton, bei AA thera-

Sieben Schritte zu einem freien Leben

piert zu werden. Ob Popstar oder Lord im Oberhaus, hier trifft man sich. In gewisser Hinsicht fühlt man sich dort vielleicht als eine Art neue Elite. Und das sogar nicht ganz zu Unrecht. Allen AA- und NAlern ist gemeinsam, dass sie den Kampf gegen die eigenen Schwächen und Makel aufgenommen und zum Teil darüber gesiegt haben. Eine Erfahrung, durch die man über sich hinauswachsen kann. George W. Bush, zugegeben kein Sympathieträger, aber jedenfalls ein Mann, der es beruflich weit gebracht hat und der sich seiner Sache ziemlich sicher scheint, hat, so ist in den Biographien zu lesen, aus dem Sieg über seine Alkoholsucht die Zuversicht geschöpft, alles verwirklichen zu können, was er sich vorgenommen hat. In London bei den AA-Treffen sieht man manchmal Robbie Williams, auch jemand, der nicht gerade so aussieht, als ob er ein langweiliges Leben führe, nur weil er seine Süchte bekämpft. AA hat Millionen von Suchtkranken geholfen, ihre Sucht zu besiegen. Über Jahre hat man bei AA und NA (Narcotics Anonymous) die Methoden verfeinert und spezialisiert, aber eine zentrale Regel hat immer zum Credo von AA gehört: Der erste Schritt zur Genesung ist die Anerkennung der eigenen Ohnmacht, das Eingeständnis, dass man gegenüber der Droge – sei es nun Alkohol, Kokain, Heroin oder sonstwas – machtlos ist. Aber diese Machtlosigkeit wird sofort wieder aufgefangen, denn bei AA glaubt man fest daran, dass es eine Macht gibt, mit deren Hilfe man die eigene Ohnmacht überwinden kann: Gott.

Der nun folgende zweite Schritt verlangt von Ihnen, sich Gott zu unterwerfen und seine Hilfe für den Kampf gegen die Sucht zu erbitten. Sind Sie dazu bereit? Dann bitte ich Sie, eine innere Haltung der Demut einzunehmen. Einfacher ist dies, wenn Sie auch äußerlich eine demütige Haltung einnehmen. Knien Sie sich zum Beispiel hin.

Nun beten Sie. Je öfter Sie dies tun, desto größer ist die «Wirkung». Verneigen Sie sich dabei innerlich vor der allmächtigen Größe Gottes und verharren Sie in dieser geistigen Haltung für einige Minuten. Sie können gedanklich einen Lobgesang anstimmen, wie es die Juden, Christen und Mohammedaner seit Jahrtausenden und Jahrhunderten tun, Sie können Ihr innerliches Verneigen und «zu Kreuze kriechen» aber auch wortlos absolvieren.

Meditieren Sie bei Ihrem Gebet darüber, dass die Macht Gottes unendlich ist und seine Liebe für uns unermesslich. Legen Sie sich ihm ganz zu Füßen. Sie können dies auch körperlich tun, diese Haltung – in der römischen Kirche nennt man sie «in prostratio» – kann die Wirkung verstärken. Sträuben Sie sich nicht gegen Gefühle der Scham oder der Rührung oder der Freude, akzeptieren Sie die Großzügigkeit, mit der Er sich anbeten lässt.

Bitten Sie nun darum, dass Gott Sie von Ihren Makeln befreit, Ihnen Ihre geistige Gesundheit wieder schenkt.

Beten Sie inständig, dass Gott Ihnen Kraft schenkt. Wenn Sie sich Ihm ohne Einschränkungen, ohne falsche Scham und ohne Hochmut, in einer Haltung der Zerknirschung und innigsten Flehens zu Füßen legen, wird er eine in Ihnen selbst schlummernde Kraftquelle öffnen.

Sieben Schritte zu einem freien Leben

In der katholischen Welt ist es eine weit verbreitete Sitte, sein Bitten und Flehen nicht direkt bei Gott abzuladen, sondern damit einen Mittler zu beauftragen. Kardinal Joseph Ratzinger vergleicht die Situation eines menschlichen Bittstellers Gott gegenüber gern mit der eines Untertanen, der seinem König eine Bitte unterbreiten (oder auch ein Geschenk darbringen) will. Verschafft man sich die Aufmerksamkeit des Königs durch einen von diesem sehr geliebten Vertrauten, der die Bitte (oder die Gabe) dem König im rechten Moment sozusagen auf einem Silbertablett serviert, kann man ihn milde stimmen, weil die Bitte nicht durch die eigene Unzulänglichkeit beeinträchtigt, sondern durch die Position und die Darbringung des Übermittlers veredelt wird. Die mächtigste und von Gott am meisten geliebte Vermittlerin ist nach christlichem Verständnis die Gottesmutter. Der post-aufgeklärte Skeptiker, dem die Haltung des Betens neu ist, darf sich aber auch direkt an Gott wenden. Fortgeschrittene sollten Kardinal Ratzingers Methode ausprobieren. Der Glaube an die mütterliche Liebe und Kraft, die aus der Verehrung für die Gottesmutter Maria erwächst, hat schon Abermillionen kleine Wunder bewirkt, die mit dem Verstand nicht zu erklären sind. Der Glaube kann in Momenten, in denen man gewillt ist, sein Leben zu ändern, ungeahnte Kräfte freisetzen.

Es gibt viele Gebete, die in Momenten der Schwäche besonders viel Kraft geben. Hier habe ich drei ausgewählt. Das erste, das Mariengebet, ist von einem der glühendsten Marienverehrer der Kirchengeschichte aufgeschrieben worden, dem heiligen Ludwig Maria Grignion, der als großer Volksmissionar im frühen 18. Jahrhundert in St.-Laurent-sur-Sèvre starb. Sinn des Gebets ist es, sich der Fürsprache der Gottesmutter zu unterstellen. Das zweite, vom Philosophen Sören Kierkegaard verfasst, kann in Momenten der Schwäche Wunder wirken, und das dritte, eines der berühmtesten Gebete überhaupt, ist der Psalm 23, bald 3000 Jahre alt. Er erinnert die Juden in der ägyptischen Gefangenschaft, dass sie nichts zu fürchten haben und Gott sie mit Belohnungen überhäufen wird, wenn sie sich ihm als gutem Hirten anvertrauen.

Eine der effektivsten Methoden, vorformulierte Gebete zu beten, ist, modern formuliert, das «meditative» Beten. Das funktioniert so: Man nimmt sich eine Zeile eines Psalms oder den Satz eines Gebets und liest ihn einige Male, bis man ihn auswendig kann. Dann betet man ihn auswendig vor sich hin, indem man ihn leise murmelt (oder still in Gedanken spricht). Man spricht dabei (oder denkt sich) jedes einzelne Wort mit größter Konzentration, bis man das Gebet nicht mehr nur »auswendig», sondern «inwendig» kann, das heißt, man meint und begreift jedes einzelne Wort, während man es spricht. Man spricht die Zeile immer wieder und immer wieder und vertieft sich mit jedem Mal mehr in das Gebet. Ohne dass man es merkt, kann man so für einige Minuten in einen meditativen Zustand versinken, der dem Gebet wesentlich mehr Nachdruck verleiht, als wenn man es nur abliest.

Das Mariengebet des heiligen Ludwig Maria Grignion lautet:

Sieben Schritte zu einem freien Leben

O Mutter der Barmherzigkeit,
verleihe mir die Gnade,
von Gott die wahre Weisheit zu erlangen.
Nimm mich, ich bitte dich,
in die Zahl jener Seelen auf,
die du liebst und lehrst,
leitest, nährst und schützest
als deine Kinder,
die dir ganz gehören.

Das Gebet Sören Kierkegaards lautet:

Herr Jesus Christus,
wie viele Male wurde ich ungeduldig.
Wollte verzagen,
wollte alles aufgeben,
wollte den furchtbar leichten Ausweg suchen:
die Verzweiflung.
Aber du verlorst die Geduld nicht.
Ein ganzes Leben hieltest du aus und littest,
um auch mich zu erlösen.

Und der berühmte Psalm 23, der in allen Sprachen mächtig und poetisch klingt, ein Evergreen der Gebete sozusagen, ist durch sein Urvertrauen auf die Güte Gottes eine gewaltige und magische Kraftquelle. Er lautet:

Der Herr ist mein Hirte,
nichts wird mir fehlen.

Er lässt mich lagern auf grünen Auen
und führt mich zum Ruheplatz am Wasser.

Er stillt mein Verlangen;
er leitet mich auf rechten Pfaden, treu seinem Namen.

Muss ich auch wandern in finsterer Schlucht,
ich fürchte kein Unheil;

denn du bist bei mir,
dein Stock und dein Stab geben mir Zuversicht.
Du deckst mein Haupt mit Öl,
du füllst mir reichlich den Becher.

Lauter Güte und Huld werden mir folgen
mein Leben lang,
und im Haus des Herrn darf ich wohnen für lange Zeit.

Danach sollte man die Formel sprechen:

Ehre sei dem Vater, und dem Sohn, und dem Heiligen
Geist, wie am Anfang, so auch jetzt und allezeit und in
Ewigkeit. Amen.

Für Fortgeschrittene ist das Opfern eine über Jahrtausende bewährte Methode, einer Bitte spirituell Nachdruck zu verleihen. Leser des Alten Testaments wissen, dass Opfer eine zentrale Rolle in dem Verhältnis zwischen Gott und Mensch spielen. Opfer sind nach ur-jüdisch-christlichem Verständnis ein gottgefälliger Akt totaler Unterwerfung, der aus Sicht des Menschen meist

Sieben Schritte zu einem freien Leben

die Kalkulation einschließt, dadurch von Gott mit Gnade – und damit seelischem Wohlergehen – belohnt zu werden. Je näher einem die Sache am Herzen liegt, die man opfert, desto größer, so die Hoffnung, die Aussicht auf Gnade. Gott verlangt aber diesen Akt nicht als Vorleistung für Seine Gnade, sondern als Beweis der Unterwerfung. Gott fordert bekanntlich von Abraham sogar das größte Opfer überhaupt, die Tötung seines Sohnes, um seinen Glauben und seine Demut auf die Probe zu stellen. Erst als Abraham schon das Messer in der Hand hält, unterbricht Gott die Opferhandlung und erlaubt ihm, seinen Sohn Isaak durch einen Widder zu ersetzen. Im Neuen Testament tut Gott, was Er von Abraham letztlich doch nicht verlangte: Er opfert Seinen Sohn. Gott wird, nach der Lehre der Dreifaltigkeit von Gott, Sohn und Heiligem Geist, in Christus Mensch und geht damit einen Schicksalsbund mit den Menschen ein, wie er enger nicht sein könnte. Gott hat durch die Menschwerdung Seines Sohnes, eines Teils Seiner Selbst, die überaus menschliche Beziehung, die Er zu uns unterhält, noch weiter verstärkt. Und so machen Opfer für den gläubigen Menschen heute nicht weniger Sinn als einst für die Juden, die Moses auf dem Weg aus der ägyptischen Gefangenschaft ins Heilige Land folgten und auf Altären Brandopfer darbrachten.

Eignet sich das «Rauchen-Aufgeben» als Opfergabe? Die Antwort ist: Ja. Zugegeben, man muss ein wenig tricksen, aber das Verhältnis Gottes zu den Menschen ist allen seriösen Quellen zufolge zutiefst menschlich, sodass solche Tricks erlaubt sind. Zwar gibt man mit dem Rauchen nichts auf, was einem wirklich Freude bereitet hätte, zwar ist der Verzicht auf Zigaretten im eigentlichen Sinne kein «Opfer», da man sich besser fühlt als je zuvor, aber dennoch weiß Gott, dass dies eine Sucht ist, deren Bekämpfung uns Kraft abverlangt. Man kann seine Entscheidung, den Zigaretten abzuschwören, auf Seinen Altar legen, mit der Bitte, dieses Opfer anzunehmen und uns mit Kraft und Stärke zu belohnen.

Ob mit oder ohne den zusätzlichen Dynamo einer Opferhandlung: Wer bereit ist, durch den Glauben an eine Macht, die größer ist als wir selbst, die Sucht zu bekämpfen, nutzt ein großes, unerklärliches Potenzial. Sie können auch den soeben beschriebenen «Schritt 2» überspringen und die Kraft in sich selbst suchen. Sie können auch ohne Gottes Hilfe an Ihre inneren Kraftquellen andocken. Aber für den, der bereit ist, höhere Hilfe anzunehmen, ist es sehr, sehr viel leichter.

Schritt 3:

Wenn Sie jetzt immer noch rauchen, ist dies jetzt der Moment für die allerletzten Zigaretten. Rauchen Sie sie in Ruhe und nehmen Sie dabei letztmalig vom Rauchen Abschied. Überfliegen Sie dabei gegebenfalls, ähnlich wie bei Schritt 1, zur Inspiration das Kapitel «Mythen und Gewissheiten». Rauchen Sie eine zweite und dann noch eine dritte und vierte Zigarette. Sie müssen unbedingt die nächste anzünden, sobald die vorherige ausgedrückt haben. Machen Sie sich dabei bewusst, wie ekelhaft sie schmeckt. Riechen Sie an der Zigarette, an Ihrem Atem, Ihren Fingern und dem Aschenbecher.

Zwingen Sie sich dennoch, eine fünfte und dann eine sechste und siebte Zigarette in Kette zu rauchen. Dabei sehen Sie sich – das ist am heilsamsten – immerzu im Spiegel an.

Nach der siebten Zigarette in Kette schmeißen Sie die Zigaretten weg und rauchen nie mehr wieder!

Sie müssen es sich, bevor Sie den nächsten Schritt wagen, so gut wie *unmöglich* machen, für die nächsten drei Tage an Zigaretten heranzukommen. Entfernen Sie alle Zigaretten aus der Wohnung und Ihrer unmittelbaren Umgebung.

Auch darf sich in den nächsten drei Tagen niemand in Ihrer Nähe aufhalten, der raucht oder über Zigaretten verfügt. Überhaupt ist es für die ersten drei Tage «Entzug» von Vorteil, den sozialen Kontakt auf ein Minimum zu reduzieren.

Erst wenn alle Zigaretten vernichtet sind und jeder Nachschub für die nächsten drei Tage so gut wie ausgeschlossen ist, kann der nächste Schritt unternommen werden.

Schritt 4:

Sie haben nun alle Voraussetzungen geschaffen, um die Übungen – man könnte fast sagen: die Exerzitien – der nächsten drei Tage zu bestehen. Es sind die vergnüglichsten, spannendsten und zugleich grausamsten Tage des ganzen Unterfangens. Eine kleine Entzugskur, die Sie, wenn Sie weise sind, genießen – und unter der Sie, wenn Sie eher selbstquälerisch veranlagt sind, womöglich auch ein wenig leiden werden. Aber wie sagt der Dalai Lama doch so schön: «Die Schwester des Glücks ist das Leid.» Er lehrt damit nichts anderes als die auch im Kern der christlich-jüdischen Tradition verankerte Erkenntnis, dass Leid zum Leben gehört und Glück überhaupt erst erfahrbar macht. Wer jammert, statt die Umstände zu akzeptieren, macht sich nach buddhistischem Verständnis das Leben schwer und erregt, nach christlich-jüdischem Verständnis, sogar noch den Widerwillen Gottes. Wer hingegen sein Schicksal, seine Gefühle, seine Situation annimmt, ohne zu klagen, erträgt es nicht nur leichter, sondern er wird dafür auch reich belohnt. Die Hindus gehen in ihren Upanishaden, die den spirituellen Abschluss und Höhepunkt ihrer heiligen Schriften darstellen (sozusagen der Teil für Fortgeschrittene), sogar so weit, das Unangenehme nicht nur als wesentlichen Teil des Glücks zu sehen, sondern als dessen eigentliche Vorbedingung. Wer immer nur das Angenehme sucht (der «Törichte»), findet es nicht und verfehlt seinen Sinn, das «Angenehme» kommt zum Menschen, aber nur zu dem («Weisen»), der das «Gute» dem «Angenehmen» vorzieht.

Merke: Das zentrale Erlebnis der ersten drei rauchfreien Tage wird die spürbare Erkenntnis sein, dass nicht nur die Befriedigung von Verlangen Lust auslösen kann, sondern auch die Überwindung von Verlangen! Seelische Erfüllung ist nicht zu erreichen, indem man sich immer «alles gibt», sondern erst dadurch, dass man seine Gier zügelt und dabei seine Grenzen austestet.

Sieben Schritte zu einem freien Leben

Drei Tage lang dürfen Sie alles machen, was Sie wollen. Alles – nur keine Zigarette anrühren! Es wird Ihnen sehr viel leichter fallen und Sie werden sich leichter fühlen, wenn Sie diese drei Tage als Fastenkur nutzen und nur wenig (und nur Gesundes!) essen. Sie werden sich dadurch zum Beispiel die Nikotinsucht-Attacken nach dem Essen ersparen und sich insgesamt besser im Griff haben. Aber wenn Sie nicht anders können, essen Sie (natürlich lieber Karotten, Gurken und sonstige Rohkost als Schinken- oder Nutellabrote), so viel Sie wollen.

Aber rühren Sie nichts an, was Tabak enthält!

Das ist Dreh- und Angelpunkt der Exerzitien. Wenn Sie, wie ich in Kapitel 2 des ersten Teils nahe gelegt habe, mal eine 8-, 16-, 24- oder 48 Stunden-Nichtrauchübung gemacht haben, wissen Sie, dass Ihnen hier nichts Unmenschliches abverlangt wird. Jeder kann seinen Affen acht Stunden lang besiegen, denn es gibt kaum Menschen, die ihre Nachtruhe für das Rauchen unterbrechen. Wer acht Stunden nicht rauchen kann, kann auch 16 Stunden auf Zigaretten verzichten. Wer 16 Stunden schafft, schafft auch 24 Stunden, wer 24 Stunden schafft, schafft auch drei Tage.

Vergessen Sie nicht: Nichtrauchen ist viel einfacher als wenig Rauchen. Es ist wie mit Popcorn im Kino. Wenn man einmal ein paar Popcorn gegessen hat, muss man wieder zugreifen. Aber wenn man gleich seine Finger davon lässt, vermisst man sie auch nicht.

Merke: Wenig rauchen und «Maß halten» ist die Qual, gar nicht rauchen ist hingegen kinderleicht, und mit jeder Stunde, die man nicht raucht, fühlt man sich besser!

Sie können, wie gesagt, in diesen drei Tagen notfalls so viel essen wie Sie wollen, Sie dürfen sogar andere Substanzen rauchen – wenn es denn unbedingt sein muss – solange Sie keinen Krümel Tabak beimischen! Rühren Sie auch keine Zigarre, kein Zigarillo, keine Pfeife, Beedies oder sonstige Ersatzstoffe an. Lassen Sie überhaupt die Finger von Ersatzstoffen. Sie machen Ihnen das Leben nur schwer. Befreien Sie sich munteren Herzens und ohne Angst! Es gibt keinen Grund, ängstlich zu sein. Sie werden diese drei Tage genießen, euphorische Momente erleben und die eigenen Grenzen erkennen. Sie werden sich stark fühlen wie ein Bär und dann auch wieder schwach. Genießen Sie's! Kosten Sie jedes einzelne Gefühl aus und erleben Sie sich dadurch neu. Nie mehr werden Sie so großartige Selbsterfahrungsmomente erleben wie in diesen drei Tagen. Der Entzug von Heroin muss unangenehm sein, beim Entzug von Nikotin dagegen spürt man von Moment zu Moment seine Kräfte wachsen und seine Lebensgeister zurückkehren. Bereits nach acht Stunden (!) hat sich Ihre Sauerstoffversorgung signifikant verbessert. Das löst im ganzen Körper und im Kopf eine Art Sauerstoff-Rausch aus. Nach 24 Stunden fühlen Sie sich bereits wie ein neuer Mensch und haben sich bewiesen, dass Sie ohne Zigarette leben können. Wer 24 Stunden ohne Zigaretten geschafft hat, hat keinen Grund mehr anzufangen. Und wenn Sie weitere zwei mal 24 Stunden ohne Nikotinkonsum ausgehalten haben, sind Sie über den Berg! Der Affe, der nach Nikotin verlangt, ist nach 72 Stunden Entzug dermaßen geschwächt, dass er nur noch durch Sie selbst wieder zum Leben erweckt werden kann.

Nehmen Sie diese drei Tage als Qual oder genießen Sie die drei Tage als Selbsterfahrung. Treiben Sie Sport oder seien Sie träge, fasten Sie oder schlemmen Sie, lesen Sie oder versuchen Sie sich durch Filme abzulenken. Egal, was Sie tun: Rühren Sie in diesen 72 Stunden nichts an, was Nikotin enthält. Kein einziger Zug an einer Zigarette, einem Zigarillo, einer Zigarre oder Pfeife, kein Nikotinpflaster, kein Nikotinkaugummi und keine Pille.

Glauben Sie mir: Schlimm an der Zigarettenentwöhnung sind nicht die Tage der Entwöhnung selbst – unvergleichlich schlimmer sind die Tage des Haderns *vor* dem Schritt. Wirklich qualvoll sind die Tage, an denen man *versucht*, nicht zu rauchen, aber doch rückfällig wird. Hat man erst einmal drei Tage ohne Rauchen geschafft, kommt einem diese Erfahrung verglichen mit den Tagen, in denen man mal rauchte und mal nicht, wie ein Vergnügen vor. Maßhalten ist eine Qual, Nichtrauchen eine Befreiung!

Trotzdem müssen Sie in diesen 72 Stunden auf großartige Euphorie-Schübe, aber auch auf die unglaublichsten Versuchungen vorbereitet sein. Ich erinnere mich, dass ich nachts aufwachte und anfing, nach den Zigarettenresten zu suchen, die ich zwei Tage zuvor ausgedrückt hatte. Die Aschenbecher in dem Haus, in dem ich diese drei Tage erlebte, waren Schalen, die mit Sand gefüllt waren. Ich bohrte mit meinen Fingern im Sand jedes einzelnen Aschenbechers herum, in der Hoffnung, zumindest den winzigen Rest einer Zigarette zu finden. Diese Krisen sind völlig normal und können dem Heilungsprozess sogar zuträglich sein, selbst, wenn es einem gelungen ist, doch irgendwie an Nikotin zu kommen. Aber das gilt natürlich nur, wenn der Entschluss wirklich endgültig war und es keinen Weg zurück gibt. Einen kleinen Rückfall (auch zwei oder drei, aber nicht mehr!) können Sie verdrängen, aber nur dann, wenn die Möglichkeit, wieder zurückzukehren und ein Raucher zu werden, keine Option ist! Durch kleine Rückfälle verbaut man sich nicht den Weg, man macht ihn sich aber sehr viel schwerer. Viel einfacher ist es, aufzuhören, den Zigaretten nicht mehr nachzutrauern und innerlich über seine neu gewonnene Freiheit zu jubeln. Tun Sie das immer und immer wieder. Diese Autosuggestion ist stärker als die gierigen Suchtrufe des Affen, weil sie auf einer tiefen Wahrheit gründet.

Die Entzugs-Profis der «AA» haben einen sehr weisen Spruch für die Momente, in denen man «nur eine» Zigarette rauchen will. Den Satz sollte man sich gut merken:

One is one too many and a thousand never enough!

Eine ist eine zu viel und tausend nie genug! Eine einzige Zigarette (oder Drink oder Schuss, oder was immer es ist, was einen im Griff hat) erweckt den Affen zum Leben, der immer mehr und immer mehr will und sich auch mit 1000 Zigaretten (oder Schlucken oder Schüssen) nicht zufrieden gibt. Es ist besser, den Affen systematisch auszuhungern und die ersten 72 Stunden alle Quellen der Versuchung auszuschalten. Rauchen Sie einfach gar nicht.

Am besten ist es, Sie sind in dieser Zeit mit sich allein. Andere Personen könnten Sie von Ihrem Weg abbringen. Wenn in diesen drei Tagen Menschen in Ihrer Nähe sein sollten, dann bitte nur solche, die Ihren Schritt tausendprozentig unterstützen. Ich habe es als hilfreich empfunden, dass die Person, die in diesen drei Tagen bei mir war – meine Schwester –, nicht Wachhund spielte, sondern mich, je länger sie mich ohne Zigarette sah, ermutigte und beklatschte: «Ich hab's genau gesehen – du hast seit gestern Abend, also seit über zwölf Stunden, nicht eine Zigarette geraucht. Phantastisch!» Der natürliche Reflex auf solches Lob ist: «Ist doch Pipifax!» Es ist gut, wenn man sich und anderen immer mehr klar macht, dass man hier keine Herkulesarbeit und kein Wunder vollbringt, sondern einfach frei atmet. Dafür verdient man keinen Nobelpreis. Sie brauchen in diesen drei Tagen keine «Hilfe», denn Sie wollen sich ja nicht von Heroin entwöhnen, sondern von einer Substanz, die bereits drei Stunden nach der letzten Zigarette kaum mehr die Kraft hat, wirksam Nachschub zu fordern.

Es kann gut sein, dass Sie in diesen drei Tagen Ihre Zigaretten vergessen und sie kein bisschen vermissen, es kann auch sein, dass Sie in manchen Momenten alles geben würden, um einen Zug an einer Zigarette nehmen zu dürfen, aber gerade weil der Entzug so schmerzlos und letztlich kinderleicht ist, lauert die Gefahr oft in Kleinigkeiten. Je mehr Personen Sie um sich herum haben, desto größer ist die Wahrscheinlichkeit, dass es Ihnen gelingt, eine Ausrede zu finden, um doch wieder eine zu rauchen. Ein weitere Risikoquelle bei der Rauchentwöhnung vor Publikum ist die Versuchung; dass man die Gelegenheit hat, sich eine Zigarette zu besorgen, um sie dann heimlich zu rauchen. Nur wenn man ganz allein ist, kann man sich nicht mehr verstecken. Denn sich vor sich selbst zu verstecken, ist nicht möglich. Halten Sie sich immer wieder vor Augen:

Es ist Ihr freier Entschluss, sich von Zigaretten zu befreien!

Sie tun es nicht, um irgendjemandem etwas zu beweisen oder einen Gefallen zu tun! Sie tun es für sich und Ihr Wohlbefinden!

Lesen Sie nun bitte erst weiter, wenn Sie 72 Stunden kein Nikotin zu sich genommen haben. Wenn Sie dieses Buch in der Zwischenzeit wieder zur Hand nehmen wollen, empfehle ich die Lektüre des zweiten Kapitels des ersten Teils («Das Nicht-mehr-Rauchen») und ein gelegentliches Überfliegen der «Checkliste: Warum habe ich aufgehört» im Anhang und – nur bei Bedarf – den «Notfall-Ratgeber», ebenfalls im Anhang.

Sieben Schritte zu einem freien Leben

72 Stunden später ...

Schritt 5:

Sie haben die ersten drei Tage geschafft! Lasst die Korken knallen und die Triumphposaunen ertönen! Feiern Sie ihre Unabhängigkeit! Sie haben allen Grund zur Euphorie!

Feiern Sie Ihre Freiheit in den folgenden sieben Tagen nicht mit Müßiggang, sondern mit Dingen, die Ihrem Körper und Ihrem Geist gut tun. Medizinisch sind Sie so gut wie von Ihrer Sucht befreit, das Verlangen nach einer Zigarette ist höchstens noch ein Scheinverlangen, kein echtes Bedürfnis mehr. Bereits jetzt ist Ihre Sauerstoffversorgung unvergleichlich intensiver als vor drei Tagen, bereits jetzt ist Ihr Herzinfarktrisiko signifikant gesunken, Ihr Geruchs- und Ihr Geschmackssinn melden sich wieder zurück, Ihr Kreislauf ist besser, Ihre Lungenfunktion ist merklich gesteigert, Ihr Immunsystem funktioniert wieder, Ihre Konstitution ist nun stabiler denn je! Während es in den 72 Stunden des «harten Entzugs» noch nebensächlich war, ob Sie Ihren Körper geschont oder herausgefordert haben, ist es nun, in der zweiten Phase, überaus wichtig, das körperliche Wohlgefühl, das langsam einsetzt, durch flankierende Maßnahmen zu unterstützen, damit sie noch besser spüren können, wie gut Ihnen das Kettennichtrauchen tut.

Feiern Sie Ihre neu gewonnene Unabhängigkeit also dadurch, dass Sie Ihren Körper und Geist zusätzlich verwöhnen. Verbringen Sie mindestens eine Stunde am Tag ausschließlich damit, Ihrem Körper etwas Gutes zu tun.

Sieben Schritte zu einem freien Leben

Im Idealfall legen Sie nun ein paar Gesundheitstage ein, in denen sie sich bewusst ernähren. Das heißt: Möglichst viel frisches Obst und Gemüse, nichts Fettiges und nach 18 Uhr möglichst gar nichts mehr essen und viel, viel Wasser oder Tee trinken. Um die guten Gefühle noch zu steigern, mit denen sich Ihr Körper für diese Behandlung bedankt, sollten Sie sich in diesen «Gesundheitstagen» mehr als sonst bewegen. Ausgedehnte Spaziergänge oder Wanderungen in der Natur, nicht allzu strapaziöse Sportarten (leichter Dauerlauf, moderates Krafttraining oder ähnliches) oder, wer es beherrscht, Yoga-Übungen, sind in diesen Tagen dazu geeignet, das Wohlbefinden zusätzlich zu steigern. So können Sie die Befreiung vom Rauchen als euphorisches und befreiendes Lusterlebnis erfahren. Während Sie joggen, radfahren oder durch die freie Natur wandern, denken Sie an die Freiheit, die Sie gewonnen haben, spüren Sie die Zuversicht, die in Ihnen wächst, und das Selbstwertgefühl, das dadurch genährt wird, dass Sie Ihre Angst besiegt haben und etwas geschafft haben, das Sie bisher nicht für möglich hielten.

Legen Sie möglichst sieben Gesundheitstage ein und nutzen Sie in diesen sieben Tagen den Rückenwind der Euphorie. Mitunter sollten Sie sich gezielt dosierten Versuchungen aussetzen, dabei aber nicht «schwach» werden, sondern im Gegenteil Ihre eigene Stärke genießen. Erleben Sie bewusst das neue Gefühl der Befreiung und der Entspanntheit!

Sieben Schritte zu einem freien Leben

Dieses Büchlein können Sie in den sieben Tagen als Krisen-Ratgeber in Ihrer Nähe behalten. Besonders der Anhang dieses Buches ist nützlich dafür. Aber da Sie nun bereits die befreiende Wirkung des Nichtrauchens spüren, da Sie merken, dass es tatsächlich viel mehr Spaß macht, frei zu atmen als zu rauchen, brauchen Sie vermutlich den kleinen Krisenratgeber im dritten Teil gar nicht mehr.

Schritt 6:

Wenn Sie nun drei Tage plus sieben Tage ohne Rauchen hinter sich haben, dürfen Sie sich als geheilt betrachten. Bevor Sie sich wieder in Ihren Alltag begeben, sollten Sie ihr neues Lebensgefühl unter den guten Bedingungen Ihrer Auszeit auf die Probe stellen und sich gezielt einer Situation aussetzen, in der Sie früher unbedingt hätten rauchen müssen. Bei meiner eigenen «Entziehungskur» hatte ich mich tagelang ablenken können – durch milden Sport, durch Spaziergänge, durch Lesen. Aber dann hatte ich mir als Ort der Versuchung einen Ort ausgesucht, an dem ich direkt mit meiner ehemaligen Sucht konfrontiert war: Zunächst besuchte ich Uli und Rita, den Surflehrer und seine Frau, mit denen ich vorher so gern geraucht hatte. Als ich diese Prüfung bestanden hatte, steigerte ich die Herausforderung ein wenig, indem ich in eine Bar ging. Und zwar in eine Bar mit wunderbarem Blick auf das Meer. Dazu bestellte ich einen Pimm's-Cocktail, ein leicht alkoholisches, herrlich erfrischendes Sommergetränk, zu dem ich bis dahin völlig automatisch eine Zigarette geraucht hätte. Der Ober stellte meinen Cocktail vor mich hin, dazu auch noch –

als wolle er mich absichtlich provozieren! – einen Aschenbecher und überließ mich der Gesellschaft entspannt rauchender Freunde. Zu meiner Überraschung stellte ich fest, dass ich in dem Moment die Aussicht, das Gespräch, den Drink tatsächlich mehr genießen konnte denn je und dass ich mich *ohne* Zigarette sehr viel entspannter fühlte. Ich fühlte mich als freier Mensch. Alles schmeckte plötzlich nach einem zweiten, wunderbaren Leben, ohne dieses lächerliche Angebundensein an Zigaretten. Es war sicher eine gehörige Portion euphorische Autosuggestion dabei, die meine noch lauernde Begierde nach Zigaretten übertönte, aber heute ist dieses Gefühl der anfänglichen Euphorie einem echten, tiefen Gefühl der Befreiung gewichen. Zigaretten reizen mich überhaupt nicht mehr, der Geruch von Zigarettenqualm stört mich nicht, ich erlebe alles, was ich vorher mit Zigaretten genossen habe, ohne noch intensiver. Ich stelle nüchtern fest, dass der Absprung vom Rauchen wohl zu den großartigsten Erlebnissen zählt, die ich je erlebt habe. Einen so einfachen, einen so billigen «Kick» gibt es nicht noch einmal.

Schritt 7:

Wenn Sie nun in Ihren Alltag zurückkehren, müssen Sie alles daran setzen, den Rückenwind der Euphorie aus den Übergangstagen in ihr «normales» Leben hinüberzuretten. Auch dies ist letztlich eine Herausforderung an Ihre Fähigkeit, sich selbst positiv zu stimmen. Sie können sich jetzt stark fühlen, Sie können stolz auf das Erreichte sein, Sie können über ein gesteigertes Selbstbewusstsein und Selbstwertgefühl verfügen – oder Sie

Sieben Schritte zu einem freien Leben

können vorsichtig, wie eine Kuh das glatte Eis betritt, in Ihr Leben zurückkehren und ängstlich darauf warten, auszurutschen.

Eines ist sicher: Wenn Sie allen Schritten bis hierher gefolgt sind, können Sie Ihr neues Lebensgefühl mit Händen greifen. Sie spüren eine Vitalität und Agilität wie nie zuvor, Sie denken klarer und schärfer als je zuvor, Sie sehen besser aus als je zuvor, Ihre Haut, Ihre Augen, Ihre ganze Erscheinung strahlt. Ihr Immunsystem ist nun wieder intakt, Sie brauchen keine Echinacea-Tropfen mehr, um sich im Herbst und Winter nicht alle paar Wochen anzustecken, Ihr Kreislauf ist wieder normal, dank einer viel besseren Lungenfunktion wirkt die erhöhte Sauerstoffversorgung wie ein plötzlich angeschaltetes Energiekraftwerk. Ihre Kurzatmigkeit ist verschwunden, Ihr Geruchs- und Geschmackssinn sind wieder da!

Sie werden nun Komplimente über Ihr Aussehen und Ihre Vitalität erhalten – nehmen Sie sie als Bestärkung und Ermunterung an, denn die nächste Versuchung kommt bestimmt. Aber gehen Sie Versuchungen nicht aus dem Weg, sondern nutzen Sie sie als Bestätigung der in Ihnen wohnenden Kraft. Denken Sie daran, dass Sie nichts Übermenschliches von sich selbst verlangen, aber dass, wenn Sie stark bleiben, aus dieser Stärke weitere Stärke erwachsen kann. Nur Widerstand macht uns stark. Das gilt für die Muskeln ebenso wie für den Geist.

Merke: Es kommt immer nur eine Versuchung gleichzeitig. Sie müssen nur diese eine Versuchung überwinden!

Wie schon gesagt: Die Versuchung kommt manchmal frontal von vorn, völlig unerwartet von halbrechts hinten, sie mag zu einem Zeitpunkt kommen, an dem sie das Rauchen vergessen, die Sucht also längst besiegt haben. Sie kommt auf jeden Fall. Aber: Es ist immer nur *eine* Versuchung, die es niederzuringen gilt. Und mit einer Versuchung können Sie fertig werden.

Merke: Wenn Sie es schaffen, diese eine Zigarette zu meiden, dann haben Sie's geschafft!

Nach etwa einem Monat werden die Versuchungen immer seltener, bis sie irgendwann ganz verschwinden. Seien Sie froh um jeden Tag, an dem Sie die Versuchungen noch spüren! Es gibt nichts Schöneres als den Sieg über sich selbst!

Teil III

Vorsicht, Fallen

Sie werden viele erschreckende Geschichten von Rückfällen hören, und die meisten hören sich ähnlich an. Bei dem einen ist es die Langeweile, bei dem anderen genau das Gegenteil, eine ungeheuerlich freudige oder entsetzlich traurige Stimmung; bei dem nächsten ist es Unsicherheit in einer gesellschaftlichen Situation – aber immer ist es nur «die eine» Zigarette, die einen rückfällig werden lässt. Das einzig wirklich Befriedigende aber ist es, genau die Versuchung dieser **einen** Zigarette zu überstehen. Der Drang nach ihr dauert nur wenige Sekunden, die Befriedigung aber, diese Sekunden ohne Rückfall überstanden zu haben, ist ungleich größer, das High überwältigender, als 1000 Zigaretten es Ihnen hätten verschaffen können. Denken Sie an den klugen Satz der Anonymen Alkoholiker: Eine ist eine zu viel und 1000 nie genug. So ist es, an dieser Wahrheit führt kein Weg vorbei. Eine Zigarette weckt den Affen wieder auf, der längst besiegt ist. Eine Zigarette (oder ein Zug) befriedigt nicht, sondern es wächst nur eine Begierde, die man nicht hatte, bevor man Raucher wurde, eine Begierde, ohne die man der glücklichere Mensch war und ohne die man wieder der glücklichere Mensch wird. Von dieser «einen» Zigarette führt der Weg – in allen Ex-Ex-Raucher-Geschichten – wieder zurück zur Zigarettensucht. Rauchen Sie also nie «diese eine» Zigarette und lassen Sie sich auch nicht auf «nur einen Zug» ein.

Aber wenn Sie doch rückfällig werden, rauchen Sie niemals nur «einen Zug» oder eine oder zwei Zigaretten, rauchen Sie gleich eine halbe Schachtel, oder besser eine ganze Schachtel, und zwar gnadenlos eine nach der anderen! Und immer schön tief einatmen und spüren, wie die giftigen Stoffe Sie und Ihr ganzes System nach unten ziehen, wie Ihr Kopf zu schmerzen beginnt und Ihr Herz rast, wie Ihr Blutdruck Sie schwindelig macht, Ihr Gehirn an Sauerstoffunterversorgung leidet und Ihr Gesicht aschfahl wird. Wenn Sie sich diese geballte Ladung Rückfall gegönnt und sich eine leichte Nikotinvergiftung zugefügt haben, werden Sie schleunigst wieder auf den Pfad der Tugend zurückkehren.

Sehr viel besser werden Sie sich aber fühlen, wenn Sie weder «einen Zug» noch «eine Zigarette», noch eine Straf-Schachtel geraucht haben, sondern der Versuchung widerstanden haben. Erinnern Sie sich daran, wie schrecklich unfrei Ihre Atmung früher war! Genießen Sie das Gefühl der Freiheit von den Zigaretten – nutzen Sie diese Freiheit als Kraftquelle und als Quelle Ihres gewachsenen Selbstbewusstseins.

Der einzig effiziente Weg, frei vom Rauchen zu werden, ist immer noch, den Affen konsequent auszuhungern. Wenn Sie ihm über Tage und Wochen jegliche Nahrung versagen, ist er irgendwann mausetot. Er kann nur noch von Ihnen selbst mutwillig wieder belebt werden. Besiegen Sie also immer «die eine» Versuchung und genießen Sie jedes einzelne Mal den wunderbaren Triumph des Sieges über sich selbst!

Für Rückfällige

Wer will, kann immer eine Ausrede finden, um rückfällig zu werden. Ein Schicksalsschlag, ein freudiges Ereignis, Stress im Beruf, eine Nacht in Venedig oder am Timmendorfer Strand oder sonst wo, ein Fußballspiel ... was es auch immer ist. Manchmal ist es auch gar nichts Besonderes, sondern schlicht und einfach der Affe, der wieder auftaucht, den Verstand manipuliert (man könnte sich auch volkstümlich ausdrücken: «der einem ins Gehirn geschissen hat»), in einem Moment, in dem man verletzlich ist.

Nach Rückfällen spalten sich Ex-Raucher in zwei Gruppen auf: Die, die nur nach einer Ausrede gesucht haben, um wieder wie früher zu rauchen, und die, die diesen Rückfall einen einmaligen Ausrutscher sein lassen, so tun, als ob nichts gewesen sei und weiter ihr Leben ohne Zigarette bewusst genießen. Letztere haben sich nur wieder einmal davon überzeugt, dass es keinen Grund gibt, den Zigaretten nachzuweinen und dass der Rückfall letztlich nur eine Bestätigung der gewonnenen Abscheu gegenüber Zigaretten war.

Die Gruppe jener, die wieder zum regelmäßigen Nikotinkonsum zurückkehren, ist entweder nicht aus den richtigen Gründen Nichtraucher geworden (zum Beispiel weil ihre Umwelt, aber nicht sie *selbst* wollten, dass sie aufhören), oder sie sind ... hoffnungslos Süchtige und brauchen professionelle Hilfe? Nein! Nicht unbedingt. Vermutlich haben sie einfach den falschen Zeitpunkt für Ihren Absprung gewählt oder die Umstände Ihrer Entwöhnung nicht gut genug geplant.

Jeder Schritt in ein neues Leben ist etwas Großes. Man darf ihn ruhig ein-, zweimal, ja auch drei-, viermal vergeblich versuchen. Nehmen Sie sich ein paar Wochen Zeit, um Energie für einen neuen Anlauf zu sammeln, und planen Sie beim nächsten Mal die entscheidenden Tage etwas besser. Nehmen Sie sich ein Datum vor, das mindestens drei Wochen in der Zukunft liegt. Von mir aus achten Sie diesmal bei der Festlegung des Datums auch auf den Mondkalender. Es kann schließlich nicht schaden, wenn Sie für Ihren Absprung eine Zeit wählen, in der der Mond abnehmend ist. Selbst die Weltmeere richten ihre Gezeiten nach dem Mond! Verachten Sie auch nicht magische Daten wie Aschermittwoch oder Erster Advent. Abermillionen Menschen geben durch ihre Gebete gewissen Perioden wie der vorösterlichen und vorweihnachtlichen Zeit spirituelle Energie, vielleicht nützt sie Ihnen ja. Wenn der von Ihnen gewählte Tag da ist, unternehmen Sie Ihren neuen Anlauf. Nehmen Sie sich dafür wieder mindestens zehn Tage Zeit. Aber diesmal planen Sie diese Tage mit verbesserten Bedingungen. Folgen Sie dann abermals den Schritten 1 bis 7, aber wirklich buchstabengetreu.

Sie können, um ganz sicher zu gehen, auch noch zusätzlich eine leicht handhabbare Form der Selbsthypnose nutzen. Tragen Sie dafür Ihr Absprungdatum in ihren Kalender ein. Es ist das Datum, von dem an Sie, beginnend um genau 00.00 Uhr, keine Zigarette mehr anrühren werden. Schreiben Sie Ihr Datum nun an verschiedenen Stellen auf. E-mailen oder schreiben Sie es an Freunde, kleben Sie sich kleine Zettel auf Ihren Kühlschrank und den Badezimmerspiegel. Rauchen Sie vorher jeden Tag mindestens eine Zigarette – und konzentrieren Sie sich, während Sie diese Zigarette rauchen, ausschließlich auf dieses Datum, an dem Sie nicht mehr rauchen werden. Machen Sie sich beim Rauch dieser Zigarette klar, dass dies unwiderruflich der Tag sein wird, von dem an Sie nie mehr rauchen werden. Dies wird Ihnen ohne jede Kraftanstrengung gelingen, und zwar deshalb, weil Sie es so wollten und festgelegt haben. Knüpfen Sie an diese Entscheidung keinerlei rationale oder emotionale Gründe. Ihr Entschluss muss völlig für sich allein stehen. Die Information, dass Sie von diesem Tag an nicht mehr rauchen werden, wird, wenn Sie alles richtig machen (so schwer ist es nicht), in Ihrem Gehirn, auf Ihrer Festplatte sozusagen, gespeichert. Wenn der Tag dann kommt, werden Sie Nichtraucher sein.

Für Rückfällige

Für «hoffnungslose Fälle»

Wenn sämtliche natürlichen, spirituellen, autosuggestiven und autohypnotischen Maßnahmen bei Ihnen versagen, wenn Sie glauben, ein «hoffnungsloser Fall» zu sein, verzweifeln Sie nicht. Denn es gibt keine hoffnungslosen Fälle! Vielleicht ist Ihr Tag, an dem Sie für Veränderung bereit sind, einfach noch nicht da. Und wenn Sie weiterrauchen, dann kann ich Ihnen nur wärmstens empfehlen, wenigstens fröhlich zu rauchen, denn das schadet weniger, als wenn Sie sich bei jeder Zigarette auch noch quälende Vorwürfe machen.

Vielleicht ist ihr Verharren in selbst schädigendem Verhalten und Ihre Unfähigkeit, sich selbst etwas Gutes zu tun, auch ein Signal, dass es Zeit ist, etwas gründlicher Inventur zu machen. Sind Zigaretten wirklich die einzige Sucht, von der Sie loskommen wollen? Gibt es Dinge in Ihrem Leben, in Ihrer Familie, die Sie in Ordnung bringen wollen, bevor Sie selbst sich weiterentwickeln können?

Wenn Sie immer neue Ausreden für das Rauchen finden, könnte es sein, dass Sie es mit einem ernsteren Suchtproblem zu tun haben, das sich (unter anderem?) in der Zigarettensucht manifestiert. Wer den Grund für etwas, das man selber tut, auf andere – Personen oder Faktoren – schiebt, egal ob er obsessiv raucht, Drogen nimmt, Alkohol trinkt, isst, fernsieht oder einkauft, hat sich seine Welt bereits so zurechtgezimmert, dass ihm nur noch mit professioneller Hilfe herausgeholfen werden kann. Erkundigen Sie sich, über das Telefonbuch oder das Internet, ob es in Ihrer Nähe eine Gruppe der Anonymen Alkoholiker gibt. Sie sind meiner Ansicht nach am kompetentesten beim Thema Suchtbekämpfung. Ansonsten gibt es überall in Deutschland staatliche oder kirchliche Suchtberatungsstellen. Meist gibt es dort auch Therapiegruppen, die sich nicht nur mit der Alkoholsucht beschäftigen. Wenn Sie Ihre Hemmschwelle überwunden haben, ein Gespräch mit einem Suchttherapeuten zu suchen, ist der erste und wichtigste Schritt zur Heilung bereits vollzogen. Denn das Eingeständnis der eigenen Ohnmacht ist zugleich die stärkste Waffe gegen sie.

Für «hoffnungslose Fälle»

Ersatzdrogen und andere Hilfsmittel

Von der weit verbreiteten Strategie, den Übergang mit Ersatzdrogen zu «erleichtern», kann ich nur abraten. Egal was es ist, das den Übergang erleichtern soll, ob tabaklose Rauchwaren, nikotinhaltiges Kaugummi oder auch schlicht mehr trinken und essen, sie zeigen, dass man den Sinn des ganzen Unternehmens nicht wirklich verstanden hat. Diese Arten von Hilfsmitteln verschleiern nur die an sich erfreuliche Tatsache, dass man mit Zigaretten nichts aufgegeben, sondern eine höhere Lebensqualität gewonnen hat.

Wenn Sie ängstlich sind, können Sie sich aber an geistigen Bojen festhalten und sich für die nächsten paar Monate erlauben, bei festlichen Gelegenheiten, wenn «alle» rauchen, ebenfalls eine Zigarre zu halten. Aber rauchen Sie sie auf keinen Fall! Wenn Sie tatsächlich noch dem Rauchen nachweinen, sollten Sie vergnüglich passiv rauchen. So hat man das Beste aus beiden Welten: Man raucht nicht und raucht doch ein bisschen. Glücklicherweise werden die Gelegenheiten immer seltener, bei denen «alle» rauchen – es sei denn, Sie arbeiten auf dem Bau, leben in Südamerika oder betreiben ein Kaffeehaus in Bukarest. Es ist natürlich in Kalifornien oder New York leichter, nicht zu rauchen, weil es dort schlicht unbequemer und sozial auffälliger ist. Aber auch in Villingen-Schwenningen, Kiel oder Berlin-Prenzlauer Berg ist es durchaus möglich, nicht zu rauchen! Wenn Sie sich vorstellen, an diesem oder jenem Tag in einiger Zukunft ausnahmsweise doch eine Zigarre oder ein Zigarillo zu rauchen, werden Sie überrascht feststellen, dass Sie, wenn der Moment gekommen ist, weder Zigarre noch Zigarillo anrühren wollen. Schon nach wenigen Tagen ohne Rauchen schmeckt Tabak plötzlich ekelhaft. Diese Bojen können helfen, obwohl sie nicht dazu gemacht sind, um sich an ihnen festzuhalten. Aber man sieht sie, und man weiß, dass sie einen notfalls über Wasser halten können.

Ersatzdrogen und andere Hilfsmittel

Die Sache mit der Gewichtszunahme

Viele hält die Angst vor Gewichtszunahme vom Absprung zum Nichtraucher ab. Dabei berichten viele Ex-Raucher von ganz anderen Erfahrungen, denn die allermeisten Ex-Raucher haben durch den Schritt zum Nichtraucher gleichzeitig auch den Schritt in ein gesünderes, bewussteres Leben geschafft. Sie bewegen sich mehr als zuvor, ernähren sich ausgewogener, stopfen ihre Seele nicht mehr voll, wollen meist nicht nur mit ihrem Körper, sondern auch mit ihren Gedanken, Worten und Taten höheren Ansprüchen gerecht werden als bisher. Der Sieg über eine Sucht, und sei es auch nur die verhältnismäßig harmlose Nikotinsucht, wirkt auf die allermeisten Menschen erhebend und inspirierend und ermuntert in den meisten Fällen zu weiterer positiver Fortentwicklung. Die allermeisten Menschen sehen, nachdem sie mit dem Rauchen aufgehört haben, nicht nur besser aus, sondern leben auch gesünder und haben daher eher weniger Gewichtsprobleme als zu der Zeit, als sie Raucher waren.

Wenn Sie dennoch als Neu-Nichtraucher Heißhungerattacken bekommen: Machen Sie nicht das Nichtrauchen dafür verantwortlich! Wenn Sie Heißhunger empfinden, sind Sie es, der Hunger hat. Mit dem Nichtrauchen hat es nichts zu tun, allenfalls mit einer Leere, von der Sie momentan nicht ganz sicher sind, wie sie zu füllen ist. Aber auch das ist nichts Schlimmes, sondern ein Teil von Ihnen, den Sie nicht unterdrücken, sondern bewusst erleben sollten. Scheuen Sie sich nicht, sich selbst so kennen zu lernen!

Natürlich gibt es aber auch ein paar praktische Tricks, die es relativ leicht machen, in der Übergangszeit eher Gewicht zu verlieren als zuzunehmen. Die einfachste Methode ist es, seine Ernährung für eine Weile umzustellen. Die Ernährung umzustellen bedeutet: Überraschen Sie Ihren Stoffwechsel damit, dass Sie ihm Stoffe entziehen, an die er gewöhnt ist. Natürlich nicht gerade Wasser, Gemüse oder Obst, aber Getreideprodukte (besonders aus Weißmehl), Zucker oder tierische Fette kann man seinem Körper guten Gewissens eine Weile vorenthalten. Essen Sie so viel Sie wollen, aber möglichst nur Gemüse und Obst und nichts Fettiges (abgesehen von Olivenöl, davon können Sie so viel haben, wie Sie wollen), aber nichts in Fett Gebratenes!

Essen Sie über den Tag verteilt so viel frisches Obst und Gemüse, wie Sie wollen, aber versuchen Sie ab 17 Uhr nur noch wenig zu essen. Nach 19 Uhr sollten Sie idealerweise möglichst gar nichts mehr essen (höchstens eine Suppe) und nur noch trinken. Natürlich keinen Alkohol, sondern viel Wasser oder ungesüßten Tee. Versuchen Sie in dieser Zeit der Ernährungsumstellung überhaupt möglichst viel zu trinken. Vor allem: Trinken Sie nicht nur, wenn Sie durstig sind, denn dann ist es schon zu spät. Gönnen Sie Ihrem Körper mindestens zwei bis drei Liter ungezuckerter, unalkoholischer Flüssigkeit,

Die Sache mit der Gewichtszunahme

die Ihnen schmeckt: Wasser, ungesüßten Tee, Gemüse- oder Obstsaft.

So verliert man Gewicht:
- Viel Wasser (oder Tee) trinken
- Viel Obst und Gemüse essen
- Bewegung
- Gekochtes
- Ohne Fett Gebratenes
- Wenig tierische Fette
- Vollkorn- oder Dinkelbrot (in Maßen!) essen
- Abends Zurückhaltung üben

So nimmt man an Gewicht zu:
- Alkohol trinken
- Sitzen und liegen
- Viel tierische Fette essen (Wurst, Butter usw.)
- Abends viel essen:
- In Fett Gebratenes
- Noch schlimmer: Frittiertes
- Regelmäßig Weißbrot und Nudeln aus weißem Mehl essen

Wenn Sie in den drei Wochen nach der letzten Zigarette Ihre Ernährung umstellen und sich dann auch noch ein wenig mehr bewegen, werden Sie nicht nur besser aussehen als je zuvor, sondern auch schlanker sein als je zuvor. Versuchen Sie eine Zeit lang konsequent zu sein, dann können Sie es sich auch wieder erlauben, ein paar Tage über die Stränge zu hauen. Mit der Völlerei ist es letztlich ähnlich wie mit dem Rauchen: Es ist viel leichter, nicht zu rauchen, als ein bisschen zu rauchen. Ebenso ist es leichter, seine Ernährung eine Weile konsequent umzustellen, als «Maß zu halten». «Maß halten» ist eine Qual. Fasten dagegen kann Spaß machen und ein erhebendes Erlebnis sein.

Merke: Glücklich macht nicht, jedem Verlangen nachzugeben, sondern es ist der Verzicht, der Freiraum und Wohlbefinden schafft!

Die Sache mit der Gewichtszunahme

Checkliste:
Warum habe ich aufgehört?

Ich habe aufgehört,

weil ich den Mut habe, mich fortzuentwickeln.

weil ich mich durch das Rauchen in der freien Entfaltung meiner Persönlichkeit und meines Potenzials behindert habe.

weil ich nicht mehr länger Sklave der Zigarettenindustrie sein wollte.

weil das Leben als Nichtraucher unvergleichlich schöner ist als das Leben als Raucher.

weil es wunderbar ist, frei zu sein.

weil ich mich unvital und träge gefühlt habe.

weil ich das Gefühl, vor Energie zu platzen und frei zu atmen, endlich wieder erleben wollte.

weil ich besser aussehen und strahlende Haut und Augen haben wollte.

weil ich bei dem Mundgeruch von Rauchern Ekel empfinde und selbst nicht mehr so riechen wollte.

weil ich ein höheres Selbstbewusstsein haben und es auch ausstrahlen wollte.

weil ich in Momenten der Unsicherheit gelassener sein wollte.

weil ich mich für das Nichtrauchen durch das Leben und meinen Körper belohnen lassen wollte.

weil ich keine Lust mehr hatte, meinen Körper mit giftigen Chemikalien anzureichern.

weil ich keine Lust hatte, darauf angewiesen zu sein, genug Zigaretten und ein Feuerzeug dabei zu haben.

weil ich mehr Sauerstoff in meinen Körper schleusen und mein Lebensgefühl dadurch fundamental verändern wollte.

weil ich klarer denken und mich besser konzentrieren können wollte.

weil ich meine Lebensgeister wieder zurückwollte.

weil ich mich nicht mehr verraucht fühlen wollte.

weil ich abends besser einschlafen und morgens ausgeruhter wieder aufwachen wollte.

Checkliste: Warum habe ich aufgehört?

weil ich meine Kurzatmigkeit loswerden wollte.

weil nach einem Jahr ohne Rauchen das Risiko einer ernsthaften Herzerkrankung halbiert ist.

weil nach fünf Jahren ohne Rauchen das Risiko halbiert ist, an Lungen-, Mund-, Luft- und Speiseröhrenkrebs zu erkranken.

weil nach zehn Jahren ohne Rauchen die Lungen wieder so regeneriert sind, dass ich das gleiche Lungenkrebsrisiko habe wie ein Nichtraucher.

weil ich Situationen der Freude besser erleben und mit Stress besser umgehen können wollte.

weil ich das Leben mehr genießen wollte.

weil ich gern atme.

Notfall-Ratgeber

Sie wollen nun unbedingt eine Zigarette rauchen und haben diesen Ratgeber noch einmal zur Hand genommen? Dann haben Sie den ersten Impuls besiegt! Der Sieg gehört schon Ihnen. Lassen Sie ihn nicht mehr los! Bei der Recherche für dieses Buch habe ich von einer Reihe von Ex-Rauchern Tipps erhalten, was ihnen in Zeiten der Krise geholfen hat. Alle, mit denen ich über das Thema gesprochen habe, sagten übereinstimmend, dass die Tabaksucht-Attacken nur in den ersten drei Wochen der Übergangsphase ein Thema waren, dass sie mit der Zeit immer seltener wurden und spätestens nach drei Monaten völlig verschwanden. Nutzen Sie diese Attacken für Ihre Selbstüberwindungsübungen. Seien Sie dankbar für jede Attacke, denn jede einzelne gibt Ihnen die Möglichkeit, innerlich zu wachsen.

Aber dennoch gibt es Momente, in denen der Geist so schwach ist, dass man jeder Versuchung nachzugeben bereit ist. Für diese Momente gibt es Tricks. Verschiedene Menschen haben verschiedene Tricks. Nicht alle sind für jeden hilfreich, mancher wird seine ganz eigenen Methoden entwickeln, wieder andere werden dieses «Not-Programm» nie brauchen, weil die Belohnungen des Nichtrauchens alle Momente der Gier in den Schatten stellen. Wenn Sie aber unbedingt rauchen wollen und Psycho-Tricks benötigen, diesen Impuls zu besiegen, hier ein paar Hilfen:

Rauchen Sie die frische Luft!   Das hilft auch beim Spazierengehen oder Bummeln durch die Stadt, einer Beschäftigung, bei der Sie früher vermutlich geraucht hätten. Was hätten Sie damals getan? Teer und Nikotin und Ammoniak und Tausende andere Giftstoffe eingeatmet. Nun atmen Sie eben stattdessen bewusst die frische Luft ein. Ziehen Sie sie in die Lungen, wie Sie früher einen Zug von der Zigarette in die Lunge gezogen hätten. Wenn Sie nicht gerade unter einer Autobahnbrücke stehen, werden Ihnen die paar Züge frischer Luft besser schmecken, als je eine Zigarette schmecken könnte.

Lenken Sie sich ab!   Suchtattacken dauern selten länger als zwei Minuten. Schlucken Sie diese zwei Minuten einfach runter, tun Sie etwas, das Ihre Aufmerksamkeit für diese zwei Minuten auf etwas anderes lenkt. Danach ist der Spuk vorbei. Wenn Sie geraucht hätten, würden Sie sich jetzt auch nicht anders fühlen. Doch: schlechter.

Meditieren Sie!   Konzentrieren Sie sich auf Ihre innere Stärke. Fokussieren Sie Ihre Aufmerksamkeit auf etwas Singuläres, zum Beispiel auf einen sich im Wind wiegenden Baumgipfel, beobachten Sie fließendes Wasser oder auch nur den Sekundenzeiger Ihrer Uhr. Lassen Sie nichts an Ihr Bewusstsein heran außer dem, was Sie gerade betrachten. Denken Sie dabei nicht nach, sondern schauen Sie nur das von Ihnen gewählte Objekt an. So tasten Sie sich an die innere Ruhe heran, die in jedem von uns schlummert. Nach kurzer Meditation, oder auch nur einem ernsthaften Versuch zu meditieren, wird der Drang, rauchen zu wollen, verschwunden sein.

Beten Sie! Sprechen Sie mehrmals langsam in Gedanken eine Zeile eines Gebets, in dem Sie um Kraft bitten, und konzentrieren Sie sich auf die Worte. Bitten Sie den liebenden, fürsorglichen und allmächtigen Gott, Sein Angesicht über Sie leuchten zu lassen. Das Erstaunliche: Es funktioniert! Im Neuen Testament (2 Kor 12, 9b–10) heißt es: *Ich will mich meiner Schwachheit rühmen, damit die Kraft Christi auf mich herabkommt. Deswegen bejahe ich meine Ohnmacht, alle Misshandlungen und Nöte, Verfolgungen und Ängste, die ich für Christus ertrage; denn wenn ich schwach bin, dann bin ich stark.*

Die Weisheit dieses «wenn ich schwach bin, dann bin ich stark» ist der Schlüssel: Wer schwach ist, dem ist die Chance gegeben, sich durch das Erkennen dieser Schwäche die Angst vor der Überwindung zu nehmen und sich so seine eigene Stärke zu beweisen.

Machen Sie Liegestütze! Lust auf eine Zigarette? Machen Sie zehn Liegestütze oder so viele Sie schaffen. Der vorletzte muss wehtun, den letzten dürfen Sie nur noch zur Hälfte schaffen. Danach ist Ihnen die Lust auf die Zigarette garantiert vergangen.

Schmecken Sie Tabak! Erinnern Sie sich daran, wie grauenhaft Tabak schmeckt! Bröseln Sie ein wenig Zigarettentabak in ihre Handfläche, legen Sie diese winzige Menge unter Ihre Zunge und lassen Sie sie dort wirken.

Notfall-Ratgeber

Der Geschmack, der sich von dort im Mund ausbreitet, ist so ekelhaft, dass Sie sich den Mund ausspülen werden. Der Wunsch nach einer Zigarette ist dann garantiert verschwunden.

Riechen Sie Zigarettenmüll! Eine Attacke kann einen hinterrücks erwischen, etwa wenn man auf einer Party herumsteht und nicht so recht weiß, was man mit seinen Händen tun soll, oder auch unterwegs, beim Bahnfahren. Statt eine Zigarette zu rauchen, suchen Sie einen Aschenbecher, nehmen Sie ihn in die Hand und riechen Sie ausgiebig am Bouquet. So riechen Sie selbst, wenn Sie rauchen! Der Geruch wird Ihnen garantiert jede Lust am Rauchen nehmen. Ich kenne einen besonders Hartgesottenen, der hat sich den Inhalt eines Aschenbechers in eine kleine, verschließbare, durchsichtige Plastiktüte abgefüllt, so wie man sie fürs Einfrieren verwendet. In den ersten Tagen der Entwöhnung hatte er sie immer in der Nähe, um in schwachen Momenten seine Nase in die Tüte zu halten und sich der Richtigkeit seines Entschlusses zu vergewissern.

Rauchen Sie einfach nicht! Das ist bei weitem die befriedigendste Möglichkeit, Attacken zu überstehen: Machen Sie kein Aufhebens darum und rauchen Sie einfach nicht. Mit Betonung auf dem Wörtchen «einfach». Schalten Sie im Gehirn einen Schalter um, der Ihnen sagt: Genau diese Zigarette rauche ich jetzt genussvoll *nicht*. Trauern Sie den Zigaretten nicht nach, sondern jubeln Sie, dass Sie sie endlich los sind.

Ein Wort zum Schluss

«Erzähl den Leuten bloß nicht, dass das Rauchen sie tötet», sagte mir eine Bekannte um die 40, der ich von meinem Buchprojekt erzählte. Alle Raucher wissen, dass ihnen das Rauchen nicht gut tut, aber sie rauchen trotzdem weiter, weil … – ohne «weil»! Bei dieser Bekannten hatte der Arzt in einer Routineuntersuchung einen Fleck auf der Lunge entdeckt, einen Tumor, der dann operativ entfernt wurde und der sich Gott sei Dank nicht ausgebreitet hatte. Sie feierte diese Nachricht noch vor den Toren der Lungenklinik mit einer Zigarette und rauchte – nach einer kurzen Phase, in der sie sich zwang, nur fünf oder sechs Zigaretten pro Tag zu rauchen – bald wieder ihre ein, zwei Schächtelchen am Tag. Nur dass sie seit der Operation regelmäßig eine Bronchoskopie machen ließ, denn sie hatte erfahren, dass bei Lungenkrebs die Hauptgefahr darin besteht, dass er zu spät entdeckt wird. Kommt die Diagnose nicht rechtzeitig, geht es meist so schnell, dass Freunde und Bekannte den Namen wenige Monate später in einer Todesanzeige finden. Meine Bekannte wusste, dass das Rauchen sie tötete, und dennoch rauchte sie weiter. «Auch Nichtraucher müssen sterben», sagte sie mir einmal, den Titel eines berühmten Aufsatzes von Friedrich Torberg zitierend, obwohl sie genau wusste, dass es ihr Leben war, das durch ihr Rauchen auf dem Spiel stand. In ehrlichen Momenten räumte sie natürlich ein, dass sie manchmal mit dem Gedanken spielte aufzuhören. Nicht aus Angst vor dem Tod, sondern wegen der unangenehmen Begleiterscheinungen des Rauchens: Der ständige Druck auf der Brust, die Neben- und Stirnhöhlen, die nie wirklich frei sind, das Herzpumpen, die leichte chronische Bronchitis, der morgendliche Gestank in der Wohnung, wenn sie vergessen hatte, die Fenster aufzumachen und die Aschenbecher auszuleeren, die Kurzatmigkeit beim Treppensteigen. Aber weil sie sich gar nicht mehr daran erinnerte, wie es ist, Nichtraucher zu sein, glaubte sie, ihr Zustand sei «normal». Nichts schien diese Frau vom Rauchen abhalten zu können, weder das Klopfen des Sensenmannes an ihre Tür noch die chronische gesundheitliche Beeinträchtigung, noch ästhetische Gründe.

Kürzlich sah ich diese Bekannte wieder. Sie hatte aufgehört zu rauchen. Warum? Angeblich nicht aus gesundheitlichen Gründen, sondern weil sie eines Tages beschlossen hatte, dass sie noch jung genug sei, um ihre Persönlichkeit fortzuentwickeln. Die ständigen Drohungen ihrer Umgebung mit dem Tod, die mitleidigen Blicke, das ganze Gerede um Gesundheit und Fitness hatten sie eher weiterrauchen lassen. Was ihr aber eines Tages eingeleuchtet hatte, war, dass sie nicht zulassen durfte, dass Zigaretten zu einem Teil ihrer Identität wurden, ohne den sie nicht existieren konnte. Sie wollte herausfinden, wie ihre Identität ohne das ständige Rauchen aussehen würde. Heute zitiert sie Maurice Chevalier: «Je älter man wird, desto ähnlicher wird man sich selbst!» Erst jetzt, als Nichtraucherin, sei sie wirklich sie selbst geworden, den Schritt zum Nichtraucher habe sie als inneres Wachstum empfunden. Und sie bestand darauf, nicht aus gesundheitlichen, sondern aus «charakterlichen Gründen» aufgehört zu haben.

Die Tatsache, dass Zigaretten nichts anderes als Massenvernichtungswaffen sind, interessiert die meisten Menschen herzlich wenig. Oder es wird von ihnen verdrängt. Die Zahl 4,9 Millionen – so viele Menschen sterben jedes Jahr weltweit an den Folgen des Rauchens – ist ebenso abstrakt wie die Zahl 340. Das ist die Zahl der Menschen, die *jeden Tag* in Deutschland an den Folgen des Rauchens sterben. All dies kümmert die meisten Raucher ebenso wenig wie die schrittweise Verteuerung der Zigaretten. Aber charakterliches Wachstum und der Triumph über sich selbst sind Gefühle, die sich die, die einmal davon gekostet haben, nicht mehr nehmen lassen wollen!

Für die meisten Menschen sind es viele Gründe, die sie vom Rauchen abbringen. Zu meinem Bündel von Gründen gehörte zum Beispiel die Tatsache, dass ich den Tabakkonzernen meine Sucht schlicht nicht mehr gönnte. Die Einnahmen der drei Zigaretten-Multis Philip Morris, Japan Tobacco und British American Tobacco betrugen Ende der neunziger Jahre jährlich zusammengenommen 88 Milliarden Dollar, das ist mehr als das Bruttosozialprodukt von 21 ausgewachsenen Ländern dieser Erde, von Albanien bis Togo. Da die Einnahmen der Tabakkonzerne in Nordamerika und Europa sinken, konzentriert man sich in den Chefetagen der Konzerne heute auf die Entwicklungsländer, um die Bilanzen zu verbessern. Nach Angaben der Weltge-

Ein Wort zum Schluss

sundheitsorganisation WHO sind heute etwa 50 Prozent aller Todesfälle auf jahrelangen Tabakkonsum in Entwicklungsländern zurückzuführen, ein Anteil, der nach Schätzungen der WHO bis zum Jahr 2020 auf 70 Prozent ansteigen wird. 80 Prozent der Umsätze macht die Tabakindustrie jetzt schon in armen und mittelarmen Ländern, in denen die Menschen von den Gesundheitsaposteln noch nicht beeinflusst werden, dafür aber umso zugänglicher sind für die aggressiven Marketingkampagnen der Tabakindustrie. Außerdem darf man als Vater von kleinen Kindern ohnehin nicht rauchen. Wer in geschlossenen Räumen in Gegenwart von Kindern regelmäßig raucht, schädigt deren Lungen physisch, verzehnfacht die Infektionsanfälligkeit ihrer Atemwege und erhöht die Wahrscheinlichkeit, dass sie chronisch an den Atemwegen erkranken. Man ist als Raucher seinen Kindern Vorbild und stinkt überdies abscheulich, auch wenn man gerade keine Zigarette raucht.

Letztlich ist es gleichgültig, aus welchen Gründen Sie sich entschließen, sich von Zigaretten zu befreien: Jeder kann es schaffen, wenn er seine Angst besiegt. Die zentrale Botschaft dieses Büchleins ist: Haben Sie keine Angst! Freuen Sie sich auf den Schritt zum Nichtraucher! Freuen Sie sich über die Erfahrung, die Sie in der Zeit des Übergangs machen können, und sträuben Sie sich nicht gegen die Begegnung mit der eigenen Schwäche! Nehmen Sie Ihre Schwächen an und besiegen Sie sie dadurch! Es gibt keinen Grund für Angst: Die Übergangszeit zum Nichtraucher ist eine überaus lustvolle und beglückende Erfahrung. Und das Leben als Nichtraucher werden Sie als erfüllter und schöner empfinden

118　　　　　　　　　　　Ein Wort zum Schluss

als Ihr Leben davor. Nichts hält uns Menschen so effektiv von der Entfaltung unseres Potenzials ab wie unsere Kleinmütigkeit und Angst. Wer an seine eigene Stärke glaubt und sie durch einen sichtbaren Schritt wie den zum Nichtraucher manifestiert, dem liegt die Welt zu Füßen, weil er sich seiner eigenen Stärke bewusst geworden ist.

Ein Wort zum Schluss

Lesetipps

**Die Fünf Bücher des Moses
(Genesis, Exodus, Levitikus, Numeri,
Deuteronomium)**
aus: Bibel, Altes und Neues Testament,
Gesamtausgabe in der Einheitsübersetzung,
Weltbild Verlag, Augsburg 1998

Dormagen, Christel, u.
Klein, Ingrid (Hg.):
Blauer Dunst. Geschichten ums Rauchen.
Rowohlt, Reinbek 1991

Hopkins, Jeffrey (Hg.):
Dalai Lama – Der Weg zum Glück.
Herder, Freiburg 2002

Foitzik, Alexander
Jetzt auch noch fasten?
In: Herder Korrespondenz, April 2003

Gorski, Terence:
Understanding the Twelve Steps.
Simon & Schuster, New York 2001

Klein, Richard:
Cigarettes Are Sublime.
Duke University Press, New York 1995

Kluger, Richard:
**Ashes to Ashes: America's
Hundred-Year Cigarette War,
the Public Health, and the
Unabashed Triumph of Philip Morris.**
Vintage Books, New York 1997

Meffert, Christine:
Warum kommen sie davon nicht los?
In: Tagesspiegel, 25. 5. 2003

Mitchell, Marnie:
Sounding the Smoke Alarm on Tobacco Use.
In: International Herald Tribune, 19. 5. 2003

Moser, Friedhelm, und Puth, Klaus:
Bammel vorm (Nicht) Rauchen?
Tomus Verlag, München 1993

Neufert, Detlev F.:
Kurt Wachtveitl über Gastlichkeit.
In: Süddeutsche Zeitung, 14. 6. 2003

Hl. Ludwig Maria Grignion von Montfort:
**Das goldene Buch der vollkommenen
Hingabe an Jesus durch Maria.**
Kanisius Verlag, Fribourg 1980

Orth, Stefan:
Gott und das Glück.
In: Herder Korrespondenz, Juni 2003

Svevo, Italo:
**Die Kunst, sich das Rauchen
nicht abzugewöhnen.**
Rowohlt, Reinbek 1995

Svevo, Italo:
Zeno Cosini.
Rowohlt, Reinbek 1988

Sowie diverse, im Internet zur Verfügung stehende Quellen
wie die Internet-Site der American Cancer Society, der
World Health Organisation, des Bundesgesundheitsministe-
riums u. v. a. Das Kierkegaard-Gebet und das Zitat aus dem
Zweiten Korintherbrief des Apostels Paulus ist der Schriften-
reihe «Magnificat, Das Stundenbuch», Butzon & Bercker,
Kevelaer, entnommen.

Foto: Carlo Bergmann

Abenteuer Leben bei rororo

«Ich bin Mensch, ich habe gelitten, ich war dabei.»
Walt Whitman

Carlo Bergmann
Der letzte Beduine
Meine Karawanen zu den Geheimnissen der Wüste
3-499-61379-4

Daniel Goeudevert
Wie ein Vogel im Aquarium
Aus dem Leben eines Managers
3-499-60440-X

Ruth Picardie
Es wird mir fehlen, das Leben
3-499-22777-0
und Großdruck 3-499-33167-5

Fred Sellin
Ich brech' die Herzen ...
Das Leben des Heinz Rühmann
3-499-61470-7

Volker Skierka
Fidel Castro
Eine Biographie
3-499-61386-7

Carola Stern
Doppelleben
3-499-61364-6

J. Randy Taraborrelli
Madonna. *Die Biographie*
3-499-61462-6

Ralph «Sonny» Barger
Hell's Angel
Mein Leben
«So subtil wie ein Tritt in den Hintern.» San Francisco Chronicle

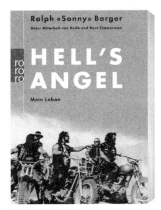

3-499-61453-7

S 42/1

Populäre Musik bei rororo

The beat goes on

**Dieter Gorny/
Jürgen Stark
Popkultur 2002/2003**
*Das Jahrbuch für Musikkultur,
Musikmedien & Musikindustrie*
3-499-61341-7

**Siegfried Schmidt-Joos/
Wolf Kampmann
Pop-Lexikon**
3-499-61114-7

**Barry Graves/
Siegfried Schmidt-Joos/
Bernward Halbscheffel
Rock-Lexikon
Band 1:**
ABBA – Lynyrd Skynyrd
3-499-16352-7
**Rock-Lexikon
Band 2:**
Madness – ZZ Top
3-499-16353-5

**Martin Kunzler
Jazz-Lexikon
Band 1:** *A – L*
3-499-16512-0

**Jazz-Lexikon
Band 2:** *M – Z*
3-499-16513-9

Martin Kunzler verbindet präzise Informationen zu Stilen und Interpreten mit pointierten Aussagen von Jazz-Musikern über sich selbst und die Jazz-Szene.

3-499-16512-0

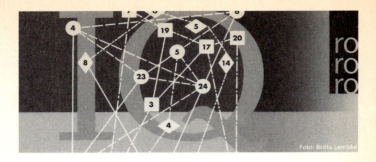

Fit im Kopf mit rororo

«Wir nutzen nur zehn Prozent unseres geistigen Potenzials.» Albert Einstein

Hans Jürgen Eysenck
Intelligenz-Test
3-499-16878-2

Walter F. Kugemann/
Bernd Gasch
Lerntechniken für Erwachsene
3-499-17123-6

Ernst Ott
Intelligentes Denken
Trainingsprogramm
3-499-16836-7

Victor Serebriakoff
Intelligenz zählt!
Der Test für IQ und Kreativität
3-499-61416-2

Marilyn vos Savant
Brainpower-Training
Das Aktivprogramm für Wissen und geistige Fitness
3-499-60573-2

Marilyn vos Savant
Brainpower
Die Kraft des logischen Denkens
3-499-61165-1

Marilyn vos Savant/
Leonore Fleischer
Brain Building – Das Supertraining für Gedächtnis, Logik, Kreativität
Marilyn vos Savant, laut Guinness-Buch der intelligenteste Mensch der Welt, trainiert Ihren Verstand auf anregende und amüsante Weise.

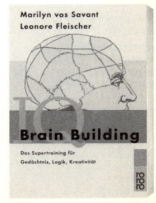

3-499-19696-4

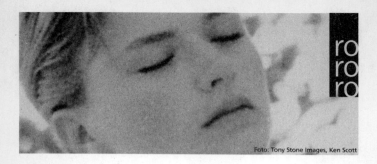

Foto: Tony Stone Images, Ken Scott

Lebenshilfe bei rororo

Stress, Depression, seelische Problemzonen – und die Kunst, sie zu überwinden

Wayne W. Dyer
Der wunde Punkt
Die Kunst, nicht unglücklich zu sein. Zwölf Schritte zur Überwindung unserer seelischen Problemzonen
3-499-17384-0

Eugene T. Gendlin
Focusing
Selbsthilfe bei der Lösung persönlicher Probleme
3-499-60521-X

Edward M. Hallowell/ John Ratey
Zwanghaft zerstreut oder Die Unfähigkeit, aufmerksam zu sein
3-499-60773-5

Frederic F. Flach
Depression als Lebenschance
Seelische Krisen und wie man sie nutzt
3-499-61111-2

Reinhard Tausch
Hilfen bei Streß und Belastung
Was wir für unsere Gesundheit tun können
3-499-60124-9

Laura Epstein Rosen/ Xavier F. Amador
Wenn der Mensch, den du liebst, depressiv ist
Wie man Angehörigen oder Freunden hilft

3-499-61331-X

S 30/1

Business und Karriere bei rororo

Optimal organisiert und nie um ein Wort verlegen

Cornelius Buchmann/ Herbert Künzel
Freiberuflich arbeiten
Wie Sie als Selbständiger Ihre Finanzen optimal organisieren und sich sozial absichern
3-499-60570-8

Margit Hertlein
Mind Mapping –
Die kreative Arbeitstechnik
Spielerisch lernen und organisieren 3-499-61190-2

Frank Naumann
Miteinander streiten
Die Kunst der fairen Auseinandersetzung
3-499-19795-2

Wolf Schneider/Paul-Josef Raue
Handbuch des Journalismus
3-499-60434-5

A. M. Textor
Sag es auf Deutsch
Das Fremdwörterlexikon. Über 20 000 Fremdwörter aus allen Lebensgebieten 3-499-61426-X

A. M. Textor
Sag es treffender
Ein Handbuch mit über 57 000 Verweisen auf sinnverwandte Wörter und Ausdrücke für den täglichen Gebrauch 3-499-61388-3

Frank Naumann
Die Kunst des Smalltalk

3-499-60847-2

Foto: Klaus Kallabis

Christoph Drösser

Stimmt's, Herr Drösser, dass Ihre Bücher süchtig machen?

Stimmt's?
Moderne Legenden im Test
3-499-60728-X
«Bier auf Wein, das lass sein – Wein auf Bier, das rat ich dir.» Stimmt's? Alltagsweisheiten auf dem Prüfstand.

Stimmt's?
Noch mehr moderne Legenden im Test
3-499-60933-9

Stimmt's?
Freche Fragen, Lügen und Legenden für clevere Kids
3-499-21163-7
Stimmt's, dass Pinguine umfallen, wenn Flugzeuge über sie hinwegfliegen? Gähnen ansteckend ist? Pupse brennbar sind? Schokolade süchtig macht? Christoph Drösser, Redakteur der «Zeit» und science-Buchautor, macht Schluss mit Lügen und Legenden. Das Buch macht einfach Spaß – und nebenbei gibt's viel zu lernen!

Stimmt's?
Neue moderne Legenden im Test
«Mit 75 neuen, hoch vergnüglichen Texten steht Christoph Drösser ein weiteres Mal souverän Rede und Antwort ... zum Staunen, Schmunzeln oder Kopfschütteln.»
www.wissenschaft-online.de

3-499-61489-8

S 4/1